Reinhold Ruthe
DAS EHEBUCH

Reinhold Ruthe

Das Ehebuch

Wege zu partnerschaftlicher Sexualität

Die Deutsche Bibliothek – CIP-Einheitsaufnahme

Ruthe, Reinhold:
Das Ehebuch : Wege zu partnerschaftlicher Sexualität /
Reinhold Ruthe. – 2. Aufl. – Moers : Brendow, 1994
(Edition C : M ; 169)
ISBN 3-87067-432-6
NE: Edition C / M

2. Auflage 1994
ISBN 3-87067-432-6
Edition C, Reihe M 169
© Copyright 1991 by Brendow Verlag, D-47443 Moers
Einbandgestaltung: Kommunikations-Design Michael Buttgereit,
Haltern am See
Printed in Germany   29962/1994

INHALTSVERZEICHNIS

VORWORT

Beglückende sexuelle Beziehungen in Ehe und Partnerschaft sind der Wunschtraum aller Paare, die den Bund fürs Leben schließen. Sie wollen „ein Fleisch werden", wie die Bibel es sagt, und ersehnen eine Harmonie nach Leib, Seele und Geist. Solche Wünsche sind realisierbar. Und doch müssen wir sehen: Traum und Wirklichkeit haben wenig gemeinsam. Die meisten Paare bleiben weit hinter ihren Erwartungen zurück. Die strahlenden Gesichter auf Hochzeitsfotos spiegeln im Ehealltag Kummer und Unzufriedenheit wider. Die Sexualität, in der Phantasie junger Menschen das Nonplusultra der Gemeinsamkeit von Mann und Frau, wird für viele zum Alptraum.

Der eine wünscht sich mehr körperliche Kontakte, der andere wehrt immer häufiger sexuelle Annäherungen ab, der eine ringt mit Erektionsstörungen, der andere mit Geschlechtskälte.

Woran liegt das?

Das Buch will in erster Linie *Christen* helfen, die unbewußten Motive für sexuelle Beziehungsstörungen zu verstehen, die vielen Gründe und Anlässe für sexuelle Disharmonien aufzudecken und Wege aufzuzeigen, sexuelle Unzufriedenheit abzubauen.

Beglückende Sexualität ist keine Fata Morgana, sondern eine Verheißung Gottes für Menschen, die eine wirkliche Liebesehe führen.

Christen und Nichtchristen erleben beglückende Sexualität als Geschenk, wenn sie gelernt haben, Geben und Nehmen, Schenken und Beschenktwerden, Beglücken und Beglücktwerden, Gelten und Geltenlassen, Lieben und Geliebtwerden aufeinander abzustimmen.

Wenn in der Bundesrepublik mehr als jede *dritte* Ehe wieder geschieden wird, dann lauern in jeder zweiten Ehe Störungen und Konflikte, die sich sofort im sexuellen Bereich bemerkbar machen. Eine hochsensible Stelle ehelichen Zusammenspiels ist nun mal die körperliche Sexualität.

Sie ist ein Barometer für:
>Zufriedenheit und Wohlwollen,
>Glück und Harmonie,
>Geborgenheit und Vertrauen,
>Innigkeit und Intimität,
>>seelische Spannungen und Konflikte.

Es ist keine Übertreibung, und die Seelsorge- und Beratungspraxen im ganzen Land verdeutlichen, daß sich in vielen Schlafzimmern Tragödien abspielen. Das „Zusammen-Schlafen" und „Zusammen-Wohnen" bereitet den Liebespartnern erhebliche Kopfschmerzen – und oft ist das wörtlich zu verstehen.

Die sexuellen Beziehungen werden zum Nebenkriegsschauplatz für Mann und Frau. Hier werden laute und leise Machtkämpfe ausgetragen. Hier werden Partner bestraft, erpreßt und gedemütigt. Was mit Liebesschwüren begann, endet mit bitteren Tränen, mit Abneigung und Abwehr.

Wie unsinnig sind manche Vorurteile:

Beglückende sexuelle Harmonie ist keine Frage raffinierter Technik, krampfhafter Bemühungen, des Zusammenpassens der Partner oder der sexuellen Erfahrung.

Sie ist das Ergebnis von gegenseitigem Verstehen, das Geschenk von gegenseitigem Wohlwollen und hingebungsvoller Liebe. Sie fällt uns wie eine reife Frucht in den Schoß, wenn die seelisch-geistige Harmonie das Eheklima bestimmt. Vielleicht ist das veränderte Sprichwort übertrieben, aber es weist in die richtige Richtung:

„Sag' mir, wie gut ihr euch versteht, und ich sage euch, wie eure körperlich-sexuellen Beziehungen aussehen!"

Es ist schon einige Jahre her. Ich habe in einer Klasse Religionsunterricht und sage: „In dieser Stunde wollen wir uns mit Sex, mit Sexualität, beschäftigen!"

Einige Schüler grinsen, schneiden ein süffisantes Gesicht und stoßen sich unter der Bank an. Andere legen verschämt die Hand auf den Mund und sitzen steif und unbeweglich.

Ich frage die Schüler: „Woran denken Sie, wenn Sie das Wort Sex hören?" Die Antworten kommen zögernd: „An Geschlechtsverkehr, körperliche Liebe, Schweinereien, Pornos, Sexfilme, Schmusen, Petting und Zärtlichkeit."

Alle Antworten sind *auch* richtig, aber sie zeigen, wie einseitig und falsch die Schüler über eine der wichtigsten schöpferischen Gaben an den Menschen unterrichtet sind.

Was verstehen wir unter Sexualität?

Sexualität gehört zum menschlichen Leben dazu wie Haare, Ohren, Haut und Beine. Sexualität ist für das menschliche Leben unverzichtbar. Menschliches Leben ist ohne Sexualität nicht denkbar. Der Begriff Sexualität ist im internationalen Sprachgebrauch gleichbedeutend mit *Geschlechtlichkeit.*

Sexualität ist abgeleitet von *sexus,* das Geschlecht. Darum nannte Professor Thielicke seine Ethik „Sex – Ethik der Geschlechtlichkeit".

Meine Sexualität, das ist meine Geschlechtlichkeit als Mann, meine Sexualität, das ist meine Geschlechtlichkeit als Frau, meine Sexualität, das ist mehr als Glied und Scheide, mehr als die Geschlechtsorgane.

Meine Sexualität bestimmt mich in jeder Zelle. Sie ist Gottes Schöpfung. Sie ist biologische Prägung. Sie ist gottgewollt. Wenn von Geschlechtlichkeit und der Sexualität die Rede ist, meinen viele, ein bestimmter abgegrenzter Bereich des menschlichen Lebens sei gemeint. Die Abgrenzung besteht darin, daß wir an unseren Körper, bestimmte Körperteile oder Funktionen denken, die mit Hilfe der Geschlechtsorgane ausgeübt werden.

Die Sexualität kennzeichnet mich vom Scheitel bis zur Sohle. Sie *ist* mein ganzheitliches Wesen. Mein Mannsein und mein Frausein sind ganzheitlich davon geprägt. Darum ist meine Sexualität auch mehr als meine Genitalität. Über die Sexualorgane laufen sexuelle Regungen, die den ganzen Menschen tangieren, die über das zentrale Nervensystem aufgenommen, verarbeitet und weitergeleitet werden. Falsch ist es daher zu sagen: Ich habe Sex, die Frau oder der Mann haben Sex. Genau genommen müßte es heißen: Ich bin Sex, ich bin das Sexualwesen Frau, ich bin das Sexualwesen Mann. Sexualität ist kein Zubehörteil, sie ist die alles durchdringende bestimmende menschliche Wesensart. Darum wirkt die Sexualität in alle Beziehungen hinein, in die Beziehung zum Partner, zu den Eltern, zu den Kindern, zu Gemeindegliedern und zu Gott. Thielicke formuliert: „Es geht darum, die Sexualität des Menschen nicht isoliert zu sehen, sondern sie als Seinsweise und Funktionsäußerung menschlicher Existenz zu interpretieren."

Sexualität beinhaltet Polarität der Geschlechter

Die sexuelle Differenzierung von Mann und Frau ist ein Kernpunkt der Schöpfung Gottes. Der Schöpfungsbericht nennt die Gottesebenbildlichkeit in einem Atemzug mit der Polarität der Geschlechter. „Gott schuf den Menschen Ihm zum Bilde, zum Bilde Gottes schuf Er ihn; und Er schuf sie als Mann und Frau" (1. Mose 1, 27).

Was heißt das?

Mannsein und Frausein als Ganzes sind Gottes Gegenüber, die Gottesebenbildlichkeit beinhaltet die Polarität der Geschlechter, der Mensch ist als Mann *und* Frau aus Gottes Händen hervorgegangen, die Differenzierung in Mann und Frau ist ein Axiom, eine gültige Wahrheit biblischer Anthropologie.

Zu Matthäus 19, 4 und 6 heißt es: „Habt ihr nicht gelesen, daß, der im Anfang den Menschen gemacht hat, der machte, daß ein Mann und eine Frau sein sollten? Was nun Gott zusammengefügt hat, das soll der Mensch nicht scheiden."

Was ist das wichtigste Sexualorgan?

Wir halten fest: Der ganze Mensch *ist* Sexualität. Die Geschlechtlich-keit kennzeichnet ihn in jeder Zelle. Aber wie Mann- und Frausein erlebt werden, wird vom Kopf, vom Zentrum unserer Persönlichkeit gesteuert. Was ist das wichtigste Sexualorgan?

Es ist weder die Vagina, die Scheide der Frau, noch der Penis, das Glied des Mannes, sondern das Gehirn.

Das Gehirn ist die Zentrale, die sinnliche Reize aufnimmt, weiterlei-tet und sexuelles Begehren schafft. Vom Gehirn werden die Sexual-hormone dirigiert. Von ihm gehen die meisten Nervenimpulse aus, die Glied und Scheide erregen.

Sexualität ist daher nicht in erster Linie eine Sache des Unterleibs, von Glied und Scheide. Sexualität ist in erster Linie eine Sache des Kopfes. So verrückt es klingen mag: Der Orgasmus wird zuerst im Kopf erlebt. Was im Kopf nicht positiv erlebt wird, spielt sich nicht positiv in Glied und Scheide ab.

Darum sind Gedanken und Erwartungen wesentliche Teile des Sexualkontaktes. Vorstellungen und Einstellungen, Befürchtungen und Ängste können das sexuelle Empfinden und Erleben nachhaltig beeinflussen. Wir müssen begreifen, daß die Sexualorgane lediglich *Werkzeuge* des Menschen sind.

Sexualität ist kein unabhängiger Trieb

Sigmund Freud hat den Menschen in erster Linie als Triebwesen charakterisiert. Seine Luststrebigkeit steht für die Psychoanalyse im Vordergrund. Aber der Mensch ist nicht triebbestimmt, sondern *geistgeprägt.* Nicht die Sexualität bestimmt den Menschen, sondern die Persönlichkeit bestimmt die Sexualität. Nicht Instinkte steuern in erster Linie den Menschen, sondern seine Gedanken, sein Geist. Würde der Mensch von seinen Trieben beherrscht,
– könnten wir nicht von seiner *Verantwortung* sprechen,
– könnten wir nicht von seiner *Liebe* reden,
– könnten wir nicht von seinen *Werten* berichten,

– könnten wir nicht von seiner *Sinnorientierung* sprechen.

Die personale Liebe gibt dem sexuellen Trieb sein Gepräge. Die Liebe kann du sagen, kann nein sagen, kann sich opfern und sich beherrschen. Einem Triebwesen sind Verantwortung, bewußte Liebe, Sinnorientierung und Werte fremd. Es ist unvorstellbar, daß eine Verwandlung von Trieben in Menschen Verantwortungsgefühl, Wahrhaftigkeit und Selbstaufopferung hervorbringen soll.

Selbstverständlich kann der Mensch sich *treiben* lassen. Aber dann ist das Getriebensein seine freiwillige Entscheidung. Der Mensch ist kein Getriebener, sondern ein *Gezogener*. Was zieht ihn?

Ein bewußtes Sollen,
ein Höchstmaß an Freiheit,
ein Wille zum Sinn,
die Verantwortung vor dem lebendigen Gott,
die Hoffnung auf eine zukünftige Welt und
ein geheiligtes Leben als Christ zu führen,
zieht den Menschen in Richtung eines lohnenden Zieles.

Sexueller Trieb und Gemeinschaft

Wenn wir von der Triebhaftigkeit des Menschen sprechen, wird noch ein anderer Aspekt deutlich, nämlich das mangelnde *Gemeinschaftserlebnis*. Der triebgesteuerte Mensch, der sexuellen Gelüsten seinen Lauf läßt, will körperliche Entspannung und Vereinigung, aber er will keine dauerhafte Gemeinschaft. Das Augenblickserlebnis steht im Vordergrund und die sofortige Befriedigung. Die Vereinigung, die in erster Linie von der Lustbefriedigung bestimmt wird, ist auch nicht an einem konkreten Partner interessiert, sondern an einem Menschen, der in erster Linie die Qualitäten aufweist, die zur einseitigen Befriedigung ausreichen. Thielicke beschreibt diese Einstellung unmißverständlich so:

„Man kann deshalb die Proportion aufstellen: Je triebbestimmter ein Individuum lebt, um so ausgesprochener verfällt es der Promiskuität, für um so austauschbarer hält es seine Partner. Es müssen nur bestimmte Funktionsbedingungen beim anderen erfüllt sein, er muß den primitivsten Ansprüchen von Gesundheit und Normalität genügen, um verwendbar zu sein." (Aus: Helmut Thielicke, Sex, Tübingen 1960, S. 30.)

Bei stark triebbestimmten Menschen sieht das folgendermaßen aus: Der andere wird *benutzt, in Dienst gestellt,* lediglich als Repräsentant des anderen Geschlechts *genommen* und nicht als einmaliges, unverwechselbares Du gesehen.

Tiefe menschliche Gemeinschaft hingegen drückt *Innigkeit, Dauer, Verbundenheit* und *personales Engagement* aus.

Der andere wird nicht zum Objekt gemacht, sondern zum Partner. Die wörtliche Übersetzung von Partner beinhaltet: Teilhaber und Mitspieler. Zwei gleichwertige Menschen beglücken sich und benutzen sich nicht in erster Linie.

Sexualität als Sprache des Leibes

Sexualität und Liebe leiden unter einer babylonischen Sprachenverwirrung. Die westliche Tradition unterscheidet vier Arten der Liebe: *Sexuelle Liebe,* auch Wollust oder nach Sigmund Freud Libido genannt, den *Eros,* das Streben nach Liebe, nach einer schöpferischen Tat, das Streben nach höheren Formen des Daseins, nach Mitmenschlichkeit, nach Gemeinschaft und guten partnerschaftlichen Beziehungen.

Die *Philia,* die freundschaftliche Liebe, und *Agape* oder caritas, die Liebe, die auf das Wohl des anderen gerichtet ist und ein Abbild der Liebe Gottes zu den Menschen verkörpert.

Jede echte Liebesbeziehung des Menschen sollte eine Mischung dieser vier Arten sein, wobei selbstverständlich das Mischungsverhältnis von Fall zu Fall verschieden ist. Die jeweilige Mischung der vier Aspekte ist die Verkörperung der Sexualität und repräsentiert die individuelle Geschlechtlichkeit. Denn die Geschlechtlichkeit oder Sexualität spiegelt den Menschen in seiner gesamten Persönlichkeit wider, und sie begegnet uns in der Sprache des Leibes.

In den letzten Jahren wurde die sexuelle Liebe ins Zentrum des menschlichen Glücks gehoben. Wir messen dem Sexualleben heute eine Bedeutung bei, wie es seit den Tagen des alten Roms keine Gesellschaft getan hat. Jeder Mann, vom Bischof bis zum Biologen, ist ein Kenner in Fragen des Geschlechtsaktes. Es besteht aber ein wesentlicher Unterschied zu früher: Der Bürger des Viktorianischen prüden Zeitalters fühlte sich *sündig,* wenn er ein sexuelles Erlebnis hatte, der heutige Bürger fühlt sich „sündig", wenn er *keins* hat. Wir sind unter die Tyrannei eines Orgasmuszwanges geraten. Mit ihr geht eine Technisierung der Liebe Hand in Hand. Die Werkbücher und Schriften über die *Technik* der Liebe sind überall in vielen Varianten zu haben. Die Überbetonung des Technischen führt zu einer mechanistischen Einstellung zum Liebesakt. Die Folge sind Entfremdung, Einsamkeitsgefühle und Entpersönlichung. Selbst in der Sexualpädagogik glaubt man, kleinen Kindern anhand von Lernspielzeug die sexuelle Liebe beibringen zu können. Sie dürfen an Holzpuppen die Geschlechtsorgane auseinandernehmen, ein- und ausbauen. Das ist eine brutale Verniedlichung des Sexuellen. Das Kind lernt, daß der Mensch anscheinend nur *werkzeughaft* mit dem anderen umgeht. Drei Fakten kennzeichnen die gegenwärtige Misere und die Sexualität als Sprache des Leibes:

– die Entfremdung des Körpers,

– die Trennung von Gefühl und Verstand und

– den Gebrauch des Körpers als Maschine.

Der Mensch des Viktorianischen Zeitalters suchte Liebe ohne Sex. Der moderne Mensch sucht – überspitzt formuliert – Sex ohne Liebe.

Ungezählte Männer unserer Tage sind nicht durch die Gesellschaft entmannt worden. Sie haben sich selbst „entmannt". Sie haben sich durch falsche Erwartungshaltungen und durch ein pervertiertes Männlichkeitsideal, das durch Superpotenz gekennzeichnet ist, in einen Leistungszwang hineinmanövriert. Geschlecht und Körper sind wie *Werkzeuge,* die gepflegt werden müssen, wie ein Fußballer seine Beine pflegt. Viele Männer bejahen die uneingeschränkte Triebgesundheit, die uneingeschränkte sexuelle Befriedigung. Die neue Freiheit wurde ideologisiert und entwickelte sich zur Zwangsjacke. Die

14

Angst vor dem körperlichen Versagen sitzt vielen wie die Faust im Nacken. Entsprechend ist das Vokabular, das diese Ideologie seit Jahren propagiert und benutzt. Der Geschlechtsverkehr wird zum Bumsen, Vögeln und Ficken. Das Wort Ficken beispielsweise stammt ethymologisch aus der Kriegssprache. Die Burg wurde in alter Zeit mit Mauerbrechern erobert und zum Einsturz gebracht. Die gewaltigen angespitzten Baumstämme in den Zerstörungsmaschinen, die hin- und herbewegt wurden, nannte man Fickbäume. Brutalität und Feindschaft stecken hinter den Begriffen. Andere in der Gegenwart beliebte Ausdrücke heißen daher „umlegen" und „aufreißen". Wie schreibt der amerikanische Professor Rollo May:

„Das Interessante aber ist, daß der Gebrauch des einst verbotenen Wortes heute zur moralischen Pflicht erhoben wird, zu einer Sache der Aufrichtigkeit. Wir sagen ‚go fuck yourself' oder ‚fuck you' – Ausdrükke, die besagen, daß der andere nicht mehr Wert besitzt, als benutzt und beiseite geschoben zu werden. Das Wort ‚fuck' ist in der Tat das derzeit meistgebrauchte (amerikanische) Schimpfwort zum Ausdruck einer *heftigen Feindseligkeit.* Und ich glaube nicht, daß das Zufall ist." (Rollo May, Der verdrängte Eros, Hamburg, S. 22 f.)

Das rüde Vokabular ist Symptom gestörter Partnerschaftsbeziehungen. Die Sprache verrät uns. Die Sprache bringt ans Licht, wie hier rigoros die Gefühle eingeengt und mit Füßen zertrampelt werden. Der Reichtum des Liebesaktes wird auf eine billige Spannungsentladung reduziert. Die emotionale Verarmung ist augenscheinlich. Die Entfremdung wird begleitet von Haß und Feindseligkeit. Die Angst vor Zärtlichkeit und Liebe triumphiert. Die seelische Selbstverstümmelung, die sich in Frigidität und Impotenz zeigt, charakterisiert die Sprache des Leibes.

Es gilt unter Fachleuten und Therapeuten als ausgemacht, daß die sexuelle Kraftmeierei und Protzerei eine Überkompensation, ein Überausgleich von Impotenzgefühlen sind. Die technisierte und mechanisierte Liebe sind im Grunde „sexualfaschistisch", wie der Soziologe Calvin Herten geschrieben hat. Die „Qualität des Lebens" wird durch selbst auferlegten Leistungszwang zerstört, die Gefühle stumpfen ab, die Kommunikation wird schwieriger, und eine „einsame Masse" bleibt zurück. Wir waren auf der Flucht vor dem Eros und sind es weitgehend noch. Eine gigantische Verdrängung hat sich Bahn gebrochen.

Ich glaube aber erkennen zu können, daß sich eine Veränderung anbahnt. Der verdrängte Eros meldet sich zu Wort. Ein unmißverständliches Symptom für das Wiederaufleben des Eros sind die neue Romantik und die Nostalgiewelle. Die unmenschlichen Züge der Sexwelle flauen ab. Die Jugend revoltiert gegen eine militante Ideologie zur Verherrlichung der technisierten Sexualbeziehungen. Die Revolte der jungen Menschen gegen eine Diktatur der Prüderie gehört längst der Vergangenheit an.

Sexualität ist Ausdruck und Sprache unserer Gesamtpersönlichkeit. Minderwertigkeitsgefühle, Egoismus, Beziehungsstörungen und Perversionen bringt sie als Sprache des Leibes zum Ausdruck. Bis in unser Vokabular verrät sie, was wir denken, glauben und wollen. Wo die vier Aspekte der Liebe nicht mehr zum Tragen kommen, erfährt unsere Persönlichkeit Konflikte.

„Liebe deinen Nächsten wie dich selbst" ist ein fundamentaler Grundsatz der Bibel, aber auch des zwischenmenschlichen Kontaktes und einer harmonischen Partnerschaftsbeziehung. Das Mißverstehen der Partnerschaftsbeziehung bringt unsere Sexualität zum Ausdruck. In der Sprache des Leibes erkennen wir die Karikatur unserer Persönlichkeit. Die Karikatur unserer Persönlichkeit steht aber der Gemeinschaft und der Nächstenliebe im Wege.

Gottes Ja zur Sexualität

Der Mensch als Sexualwesen ist Gottes gute Schöpfung. Die Erwähnung der Geschlechtlichkeit im Schöpfungsbericht hat Konsequenzen.

1. Mose 1, 31 heißt es:

„Und Gott sah alles, was Er gemacht hatte, und siehe, es war sehr gut."

Der lebendige Gott hat den Menschen so gewollt. Er hat sexuelle Lust und sexuelles Begehren geschaffen. Und noch einmal wird die Sexualität hervorgehoben durch die Segensworte:

„Seid fruchtbar und mehret euch und füllet die Erde . . ." (1. Mose 1, 2).

Auch in der Schaffung polarer Geschlechter hat Gott die Sexualität bejaht. Der Mann war allein und hatte keinen Partner. Im Tierreich wurde kein ernstzunehmendes Gegenüber gefunden. Daraufhin schuf Gott die Frau, eine Ergänzung und Entsprechung.

In der Bibel heißt es:

„Es ist nicht gut, daß der Mensch allein bleibt. Ich will ihm eine Hilfe machen, die ihm entspricht" (1. Mose 2, 18).

Adam ist beglückt über das Geschenk Gottes. Und er drückt das so aus:

„Das endlich ist Bein von meinem Bein und Fleisch von meinem Fleisch. Männin soll sie heißen, denn vom Manne ist sie genommen" (1. Mose 2, 23). Adam staunt über das andere Geschlecht. Er ist dankbar und glücklich. Dieses Staunen über das andere Geschlecht füllt ein ganzes Buch der Bibel aus, das Hohelied Salomos.

Die Sexualität ist nach Gottes Plan in der Bibel nicht nur ein Thema der Ethik, nicht nur Inhalt von Geboten und Verboten, von Normen und Verhaltensregeln. Sie ist Gottes wunderbare Schöpfung, sie ist Gottes Gabe, die den ganzheitlichen Menschen kennzeichnet, und sie ist erst in zweiter Linie Aufgabe.

Das Besondere der menschlichen Sexualität

Die Sexualität bei Tieren vollzieht sich zum Teil völlig anders als beim Menschen. Tiere sind an Brunstzeiten gebunden. Sie erfahren eine hormonell gesteuerte zeitliche Begrenzung ihrer sexuellen Erregung. Der Mensch, der solchen Brunstzyklen nicht unterliegt, erfährt eine sexuelle Dauerspannung und ist auf diese Weise zu stabilen Partner- und Familienbeziehungen in der Lage. Diese angelegte, von Gott gegebene, sexuelle Dauerspannung wirkt wie ein Bindemittel zwischen den Geschlechtern.

Auch die innere und äußere Wahrnehmung von sexuellen Reizen ist gegenüber dem Tier wesentlich erweitert. Bei der inneren Wahrnehmung kann der Mensch sich auf Körperempfindungen, Gefühle und Erinnerungen sowie auf Vorstellungen und Phantasie einstellen, die sexuelle Gefühle bis hin zum Orgasmus auslösen können.

Die menschliche Sexualität kann darum die verschiedensten Bedürfnisse befriedigen:

Der Sexualverkehr ist ein gutes Schlafmittel, vermittelt anerkannt und geliebt zu werden, beinhaltet Selbstbestätigung, Entspannung und Erholung sowie die Möglichkeit der Fortpflanzung.

Sexualität und die Offenheit der Bibel

Sex ist keine schmutzige Angelegenheit oder ein Thema für unanständige Witze. Sex ist in der Bibel kein verstecktes Thema, sondern es wird offen und deutlich behandelt. Die offenherzigsten und zugleich eindrücklichsten Stellen stehen im Hohenlied Salomos. Jahrhundertelang wurde das Buch von christlichen Theologen und Schriftstellern mißbraucht. Der Text wurde vorwiegend als Gleichnis für Christus und die Gemeinde betrachtet. Das ist *auch* richtig. Aber in Wirklichkeit zeigt das Hohelied, wie der lebendige Gott über sexuelle Liebe in der Ehe denkt. Klar und in poetischer Sprache wird die Schönheit der Liebesbeziehung gepriesen.

Wie hoch die Bibel die sexuelle Beziehung der Eheleute einschätzt, wird an einer Stelle im 5. Buch Mose deutlich, die häufig überlesen wird.

„Wenn ein Mann neu vermählt ist, muß er nicht mit dem Heer ausrücken. Man soll auch keine Leistung von ihm verlangen. Ein Jahr lang darf er frei von Verpflichtungen zu Hause bleiben und die Frau, die er geheiratet hat, erfreuen" (5. Mose 24, 5).

Das heißt doch im Klartext: Nicht einmal die Generalmobilmachung eines Landes im Ernstfall und der Kriegsdienst haben Priorität, wenn es um die Einübung der sexuellen Liebe geht;

Gott schätzt die sexuelle Liebe der Neuvermählten so hoch ein, daß Er sie ein Jahr lang von Verpflichtungen und Entbehrungen bewahren will.

Die sexuelle Liebe ist in den Augen Gottes für das Glück der jungen Ehe keine Nebensächlichkeit, sondern ein wesentlicher Bestandteil.

18

Unser Gott denkt nicht leibfeindlich, sondern leibfreundlich.

Die Geschlechtlichkeit ist eine wunderbare Gabe des Schöpfers und erfährt im biblischen Denken eine unvorstellbare Würdigung. „Das Lied der Lieder", so wird das Hohelied wörtlich übersetzt, besingt in einer Folge von Gedichten die Liebe von Mann und Frau. Die Kirchen haben das Hohelied immer als Teil der Heiligen Schrift betrachtet. Die meisten Ausleger sind der Meinung, daß es sich um eine realistische und dankbare Verherrlichung der ehelichen Liebe handelt in Form der Widerspiegelung einer israelischen Hochzeitsfeier. Die Schönheit der sexuellen Beziehungen zwischen Mann und Frau wird gepriesen. Das Lied der Lieder mit dem Lobpreis auf die schöpferische Gabe der Sexualität wurde gleichzeitig zum Gleichnis für die Verbindung Christi mit seiner Kirche. Die mystische Einheit zwischen Mensch und Gott wird problemlos mit der sexuellen ehelichen Vereinigung verglichen. Wie hoch und einmalig denkt doch unser himmlischer Vater über den Geschlechtsverkehr!

Im Epheserbrief heißt es (5, 31–32):

„Darum wird der Mann Vater und Mutter verlassen und sich an seine Frau binden, und die zwei werden ein Fleisch sein. Dies ist ein tiefes Geheimnis; ich beziehe es auf Christus und die Kirche."

Was heißt das?

1. Für die Autoren der Heiligen Schrift ist die Ehe ein angemessenes Bild für den Bund Jahwes mit seinem Volk. Die Bibel scheut sich nicht, die tiefste und innigste Verbindung zweier Menschen im Geschlechtsverkehr als Modellvorstellung für Gottes Bund mit den Menschen zu charakterisieren. Die Erneuerung der Ehe ist immer auch Erneuerung des Bundes Gottes mit Seinem Volk.

2. Im Neuen Testament ist Christus der *Bräutigam*. Und am Ende der Offenbarung (Offb. 19, 7 und 21, 2) spricht der Text sogar von der „Hochzeit des Lammes". Das Neue Jerusalem rüstet sich als geschmückte Braut. Die Hochzeit aber beinhaltet auch die „Vereinigung" von Bräutigam und Braut, und kein Geringerer als Paulus bezeichnet das „Ein-Fleisch-Werden" als Vereinigung von Christus mit Seiner Kirche.

Gibt es Sexualtherapie und Sexualseelsorge?

Die Schwierigkeiten mit der von Gott geschenkten Sexualität des Menschen beginnen mit der begrifflichen Einordnung. Wie oberflächlich das Gebiet der Sexualität mit ihren Problemen und Störungen beurteilt wird, zeigt sich in den Begriffen. Man spricht heute gern von *Sexualtherapie* und von *Sexualseelsorge*. Aber es gibt keine Sexualtherapie, weil die Sexualität als solche keine *Neurose* darstellt, keine *Psychose* beinhaltet und keine *Krankheit* bedeutet.

Sexuelle Störungen sind das Spiegelbild von Dissonanzen der Gesamtpersönlichkeit. Der Nervenarzt und Psychoanalytiker F. Morgenthaler schreibt:

„Sexualität, in welcher Form sie sich auch immer zeigt, kann niemals eine Neurose, eine Psychose, eine Morbidität sein. Das Psychopathologische kann stets nur Ausdruck einer disharmonischen Entwicklung im gesamten psychischen Haushalt sein . . . Das Psychopathologische, das zum Symptom führt und das Individuum psychisch krank macht, ist nicht das Sexuelle, sondern allenfalls das, was das Sexuelle behindert, stört oder verunmöglicht." (Aus: Therapie sexueller Störungen, Stuttgart/New York, 1980[2], S. 232 f.)

Sexuelle Störungen sind also nicht Störungen der Sexualität, sondern Störungen der Persönlichkeit. Jeder Seelsorger, Arzt und Therapeut, der sich mit psychosomatischen Erkrankungen und Störungen beschäftigt, muß sich immer auch mit den Störungen beschäftigen, die sich im sexuellen Bereich niederschlagen.

Es muß von daher klar werden, daß auch der *Seelsorger* für sexuelle Konflikte und Fehlanpassungen zuständig ist, wenn er den *ganzen* Menschen im Auge hat und von Konflikten etwas versteht, die sich auf einem „Nebenkriegsschauplatz" abspielen. Die Sexualität wird gestört, wenn die Gesamtpersönlichkeit in ihrem Selbstwert und in ihrer Beziehungsfähigkeit eingeschränkt wird.

Ich möchte die verschiedensten Auslöser und Motive zusammenstellen, die in der Seelsorge zur Sprache kommen. Die Liste erhebt keinen Anspruch auf Vollkommenheit. Die wesentlichen Aspekte werden aber berücksichtigt.

1. Durch mangelnde Ablösung von den Eltern

Die Abnabelung vom Elternhaus, von Vater und Mutter und anderen wichtigen Bezugspersonen, spielt im ehelichen Zusammenspiel eine große Rolle.

Mangelnde Abnabelung beinhaltet Unselbständigkeit, Elternhörigkeit, eingeschränkte Hingabefähigkeit und Störanfälligkeit der jungen Ehe.

Die Eltern sind allgegenwärtig, in Gedanken, Worten und Werken. Sie reden in die junge Ehe hinein, sie beeinflussen, manipulieren und verhindern eine innige Verschmelzung. Meinungsverschiedenheiten und Diskrepanzen sind die Folge. Auch die sexuelle Harmonie wird störanfällig.

2. Durch Nähe- und Distanzprobleme

Nähe und Distanz sind Schwerpunkte im ehelichen Zusammenleben. Abhängigkeit und Unabhängigkeit, große Dichte und Freiheit spielen in allen Partnerschaften eine wesentliche Rolle.

Jeder Mensch hat eine unbewußte Vorstellung davon, wie nah ihm der Partner sein darf. Erziehung und Erfahrung mit nahen Angehörigen haben jedes Kind in der Familie geprägt. Der eine *klebt* am anderen, er braucht viel Wärme und Hautkontakt, der andere will in Ruhe gelassen werden, zieht sich zurück und genießt eine größere Distanz.

Diese Lebensgrunderfahrungen aus der früheren und späteren Kindheit begleiten den jungen Menschen in die Ehe. Die Umgangsmuster haben zwei Menschen geprägt, die den Bund fürs Leben schließen.

Diese unterschiedlichen Nähe- und Distanzbedürfnisse können stark die körperliche Intimität belasten.
Der eine fühlt sich *erdrückt,* der andere *enttäuscht,*
der eine fühlt sich *vereinnahmt,* der andere *im Stich gelassen,*
der eine fühlt sich *geklammert,* der andere völlig *ungeborgen.*

3. Durch ein negatives Selbstbild

Selbstwertstörungen rufen Beziehungsstörungen hervor. Das Selbstbild kann durch *Organminderwertigkeiten* getrübt werden. Die Frau meint unter anderem einen zu kleinen Busen, ein zu breites Becken oder zu dünne Haare zu haben.

Der Mann ist zu dick, zu lang, zu klein, hat Pickel im Gesicht. Es kann sich um eingeredete und wirkliche Organminderwertigkeiten handeln. Je intensiver die Vorstellung, desto eindrücklicher das Ergebnis. Selbstwertstörungen können durch negative Erziehungseinflüsse entstehen. Der kleine Mensch hat das Gefühl,
nicht intelligent genug,
nicht stark und
attraktiv genug,
nicht fleißig und
ehrgeizig genug zu sein.

Minderwertigkeitsgefühle und Komplexe sind das Material, aus dem sexuelle Probleme gefertigt werden.

4. Durch falsche Ziele

Falsche Ziele gibt es tausendfach:
– Die Ehe muß ein Paradies sein.
– Mann und Frau müssen alles zusammen machen.
– Die Partner dürfen einander niemals enttäuschen.
– Wer einmal in der Ehe lügt, dem kann man nicht mehr glauben.
Die Liste der zu hoch angesiedelten Ziele ließe sich beliebig vermehren. Je höher die Ziele, desto tiefer die Enttäuschungen. Wer darum ein solch falsches Ziel verfehlt, erfährt, daß seine sexuelle Hingabe gestört ist. Das Gleichgewicht der Ehe ist zerstört. Die seelische Wunde hat die Intimbeziehungen blockiert.

5. Durch unangebrachte Schuldgefühle

Es gibt echte Schuld vor Gott, der Mensch will selbstherrlich und eigenwillig sein Leben gestalten. Echte Schuld beinhaltet Übertretung Seiner Gebote. Die Partner mißachten biblische Maßstäbe.

Dann gibt es die *übertriebenen Schuldgefühle,* die krankhafter Natur sind. Der Mensch erlebt subjektiv schwere Schuldgefühle, die ihm eingeredet wurden oder die er sich selbst einredet. Er hält beispielsweise bestimmte sexuelle Intimpraktiken unter Eheleuten für pervers. Überhaupt sieht er im Sexuellen etwas Schmutziges. Oder er ist davon überzeugt, daß Petting in der Ehe Sünde ist, weil er vor der Ehe Petting betrieben hat.

6. Durch wechselseitige Machtkämpfe

Machtkämpfe sind ein Haupthindernis für zufriedenstellende sexuelle Beziehungen in der Ehe. Machtkämpfe können sich in allen Bereichen der ehelichen Gemeinschaft abspielen. Ein Partner ist gewissenhafter, sauberer und exakter. Ständig *entwertet* er – bewußt oder unbewußt – seinen Lebensgefährten.

Ein Partner ist *rechthaberischer,* er muß das letzte Wort behalten. Ein Partner ist *moralischer* als der andere, wo er geht und steht, hält er dem anderen seine Sünden und Vergehen vor.

Ein Partner will in bezug auf Geld, Anschaffungen, Fernsehen, Wohnungseinrichtung und Freunde *allein* bestimmen – der Herrscher oder die Herrscherin handeln despotisch.

Machtkämpfe sind Lebensstilmuster, die körperliche Kontakte empfindlich blockieren.

7. Durch Machtkämpfe mit gegenläufigen Strategien

Der Machtkampf zeigt viele Gesichter. Auch mit gegenläufigen Strategien kann man miteinander rivalisieren.

Einer reagiert vernünftig, der andere unterlegen und hilflos. Einer macht Vorwürfe, der andere weint. Einer spricht rational, der andere reagiert emotional. Einer reagiert mit Selbstvorwürfen, der andere mit Schuldzuweisungen.

Aktive und passive Methoden bestimmen das Ehekampfspiel. Einer provoziert den anderen mit seinen Strategien. Und es ist nicht ausgemacht, wer als Sieger aus dem Kampf hervorgeht. Nur eins ist sicher: Die sexuelle Harmonie bleibt auf der Strecke.

8. Durch wechselseitige Konfliktvermeidung

Viele Christen sind *konfliktscheu*. Sie hassen Auseinandersetzungen und kultivieren eine sogenannte Friedfertigkeit. Was tun sie?

Sie unterdrücken Ärger, verdrängen Wut und Enttäuschung oder verschweigen Angst und Unzufriedenheit.

Und das Ergebnis?

Sie werden bitter, reagieren explosiv an falscher Stelle und verweigern sich im Bett. Sie verhalten sich bedrückt, nicht frei, rebellieren mit ihrem Körper und fördern eine streitbare Atmosphäre.

9. Durch Enttäuschungen

Enttäuschungen sind ein weiterer Stoff, aus dem sexuelle Disharmonien produziert werden. Die Enttäuschungshaltung ist ein Lebensstilmuster. Der Enttäuschte hat sich von klein auf als getäuscht empfunden. Eltern, Großeltern, Freunde und Geschwister haben ihn benachteiligt. Und mit dieser Gesinnung ist er in die Ehe getreten.

Was geschieht?

Er fühlt sich sitzengelassen und treulos behandelt, weil der Partner die Zeit nicht eingehalten, ein Versprechen nicht erfüllt oder schlicht versagt hat.

Das Bett gerät zum Nebenkriegsschauplatz, wo der Enttäuschte mit Kälte und Ablehnung reagiert.

10. Durch negative Erfahrungen in der Kindheit

Negative Sexualerfahrungen können schon sehr früh gemacht worden sein. Immer wieder sind Mädchen von Vätern, Stiefvätern, Verwandten und Freunden mißbraucht worden. Die körperlichen Intimbeziehungen haben einen häßlichen Beigeschmack bekommen. Angst, Ekel und Schuldgefühle sind zur störenden Begleitmusik in der Liebe und später in der Ehe geworden. Der Austausch von Zärtlichkeiten wird als Last und nicht als Beglückung empfunden. Negative Vorurteile haben die sexuelle Erfüllung erheblich beeinträchtigt. Aber auch sexuelle Ersterlebnisse in der Pubertät und spätere Ereignisse, die schmerzhaft und unerfreulich verliefen, belasten das zukünftige Eheleben empfindlich.

11. Durch Ängste

Angst ist der Schlüssel für sämtliche sexuellen Funktionsstörungen. Wenn keine organischen Befunde eine Rolle spielen, spricht die Angst ein gewichtiges Wort mit. Angst beeinträchtigt die Lust *vor* der Erregung, *während* des Verkehrs und *nach* dem Orgasmus.

Die Angst hat viele Gesichter:

Angst vor Geschlechtsteilen, beim Orgasmus die Selbstkontrolle zu verlieren, vor Blamage, den Partner zu enttäuschen oder zu verlieren, vor Leidenschaft und Gewalt, ein Kind zu bekommen oder kein Kind zu bekommen.

Die Angst kann begründet und unbegründet, eingeredet und eingebildet sein. Die negative Wirkung ist sofort im ehelichen Beisammensein spürbar.

DIE AUSWIRKUNGEN DER FAMILIENGESCHICHTE AUF EINE HARMONISCHE SEXUALBEZIEHUNG

Die Kommunikation der Partner, das Miteinander-Umgehen, die Art des Zärtlichkeitsaustausches, Nähe- und Distanzprobleme im Ehealltag sind Spiegelbilder der Erfahrung in der Ursprungsfamilie.

Wenn es stimmt, was die tiefenpsychologischen Schulen mehr oder weniger übereinstimmend herausgefunden haben, daß die Herkunftsfamilie für unseren Lebensstil, für unser Gewordensein, für unser Denken und für Fühlen, Liebe und Glauben eine entscheidende Rolle gespielt hat, dann müssen auch

– die Verhaltensmuster der einzelnen Partner,
– die Liebesvorstellungen,
– die Bewertung von Frau- und Mannsein,
– Anlehnungsbedürfnisse,
– Dominanzansprüche,
– bestimmte sexuelle Wünsche,
– sexuelle Minderwertigkeitsgefühle und
– bestimmte Rollenverständnisse

eine Bedeutung für das christliche Zusammenleben haben.

Es gibt überhaupt kein Thema, das nicht in der Ursprungsfamilie durch positive oder negative Erfahrungen eine Beeinflussung erfahren hätte. Sprache, Kleidung, Vorlieben, Abgrenzungen, Optimismus und Pessimismus in bezug auf die Ehe wurden in der Ursprungsfamilie konstelliert. Selbstverständlich sind die Erfahrungen nicht schicksalhaft und nicht unwiderruflich. Sie können durch neue Erfahrungen, durch geistliche Erkenntnisse, durch Gespräche mit Freunden und Bekannten und durch Einwirkungen des Heiligen Geistes korrigiert werden.

Ganz bestimmte Beziehungsmuster werden in der Familie weitergegeben. Sie spielen eine so gewichtige Rolle, daß der Umgang untereinander sich wesentlich an diese eintrainierten Formen hält. Dies wird an einigen Beispielen deutlich:

- Wenn die Frau in ihrem Partner lediglich den Zahlmeister der Familie sieht,
- wenn der Mann in seiner Frau in erster Linie die Mutter seiner Kinder erlebt,
- wenn eine Frau in ihrem Partner einen Mann erlebt, für den die Arbeit das A und O seines Lebens beinhaltet,
- wenn der Mann sich auf seine Frau verläßt, die für Geselligkeit, Besuche und Freundschaften die Verantwortung trägt,
- wenn eine Frau in ihrem Mann in erster Linie jemanden sieht, der sie verwöhnen soll,
- wenn Frauen oder Männer in ihrem Partner in erster Linie den Konkurrenten erleben,

dann sind diese Umgangs- und Beziehungsmuster insgesamt in der Herkunftsfamilie abgeschaut, nachgeahmt und eintrainiert worden.

Partnerwahl und Herkunftsfamilie

Für eine gelungene und zufriedenstellende sexuelle Partnerschaft ist die Partnerwahl grundlegend. Auch ist sie ohne die Ursprungsfamilie nicht nachvollziehbar. Berater und Seelsorger haben es schwer, die unbewußten Wünsche der späteren Ehepartner richtig einzuschätzen. Jeder bringt seine Leitideen vom anderen Geschlecht mit und versucht, sie mit Hilfe des anderen zu verwirklichen. Der Partner ist in diesem Sinne der Erfüllungsgehilfe.

Unzufriedenheit mit Vater und Mutter, Idealisierung von Vater und Mutter, Ablehnung bestimmter Eigenschaften, Idealisierung von bestimmten Charaktereigenarten sind Haltungen, die den jungen Menschen auf der Suche nach dem Lebenspartner begleiten. Er strebt eine Selbstverwirklichung und Lebenserfüllung mit dem anderen an, die Mängel ausgleichen und Widersprüche kitten soll. Leider ist es so, daß jeder Mensch in seiner Ursprungsfamilie
- Mängel erlebt hat,
- Defizite an Zuwendung und Bestätigung erfuhr,
- gefühlsmäßig unterernährt blieb,
- rational überfordert wurde,

– sehr große Verantwortung aufgebürdet bekam,
– in erster Linie Leistung bringen mußte und
– moralisch den Vorstellungen der Eltern entsprechen sollte.

Auf diesem Hintergrunde wollen die jungen Leute ihre unbewältigten inneren und äußeren Konflikte mit Hilfe des anderen lösen. Mit Hilfe der Lebenspartner sollen die Beziehungsmuster der Vergangenheit geändert werden. Große Erwartungen werden an den anderen gestellt, große Hoffnungen werden *an den anderen* gerichtet, große Entfaltungsmöglichkeiten werden *durch den anderen* erwartet.

Und was geschieht tatsächlich?

Auch die neue Beziehung wird mit den alten Umgangsmustern konfrontiert. Die alten Konflikte werden unverstanden in die neue Lebensgemeinschaft übernommen. Deutlich wird:
– Die Lösung aus alten Bindungen ist schwerer als geglaubt.
– Die vertrauten Beziehungsmuster sind hartnäckiger als gewollt.
– Die eingeübten Beziehungsformen sitzen tiefer als vermutet.

Unmißverständlich muß man feststellen: Es begegnen sich in der Partnerschaft nicht zwei Menschen, die unschuldig, rein und ohne Vorerfahrung zusammenfinden, sondern zwei Menschen, die eine *Vergangenheit* haben, die durch Eifersucht, Rechthaberei, Neid, Rollenkämpfe und Selbstwertstörungen in der Herkunftsfamilie einen Stempel aufgedrückt bekamen. Dieser Stempel wurde ihnen nicht widerspruchslos aufgedrückt, sondern dieser Stempel ist das Ergebnis einer jahrelangen Interaktion in der Familie. Gute und weniger gute, hilfreiche und destruktive Erfahrungen machen diesen Stempel aus.

Auf dem Hintergrund beinhaltet die Partnerwahl: Zwei Menschen, die jeweils an ihre Familiensysteme gebunden sind, kommen zusammen. Zwei Partner tragen jeweils ihre Familienvergangenheit mit in ihre neue Beziehung hinein.

Es ist darum richtig zu sagen:
Mann und Frau heiraten die Schwiegereltern mit,
können ihre Ursprungsfamilie nicht wie ein altes Kleid ablegen
und praktizieren den Lebensstil, den sie zu Hause als Grundüberzeugung verinnerlicht haben.

Entsprechend ihres Familienhintergrundes *ergänzen* sich die beiden Partner, *passen* sie zusammen und *antworten* sie auf Konflikte und Herausforderungen.

Werden diese Ergänzungsmuster überstrapaziert, kommt es sofort zu Störungen im sexuellen Bereich. Die Erwartungen an den anderen können nicht erfüllt werden. Die alten Konfliktmuster können nicht beiseite gestellt und die Umgangsstrategien der Ursprungsfamilie nicht aufgegeben werden. Die Kontakte auf der intimsten Ebene sind gestört. Die sexuelle Harmonie ist gefährdet.

Die Ursprungsfamilie hat an der Partnerwahl und der sexuellen Harmonie Anteil

Die Wahl des Lebensgefährten hat mit unbewußten Vorlieben und prägenden Erfahrungen der Ursprungsfamilie zu tun. Alte Sympathien werden wieder belebt.

Da ist der *Vater,* der überall einen Witz auf Lager hat, der auf Parties im Mittelpunkt steht und der sich auf dem gesellschaftlichen Parkett hervorragend profilieren kann. Die Tochter, die diesen Vater „angehimmelt" hat, die von ihm mitgenommen wurde, sucht einen Mann, der diese Züge trägt und solche Sehnsüchte erfüllt.

Da ist die *Mutter,* eine geschickte Vermittlerin zwischen dem Mann und den Kindern. Die Kommunikation läuft über sie. Sie ist die Schaltzentrale für alle Interaktionen innerhalb der Familie. Die Tochter, Mutters Vertraute, hat diese Strategien übernommen. In ihrer Ehe praktiziert sie die gleichen Verhaltensmuster, zum Kummer ihres Mannes.

Es müssen nicht Vater und Mutter sein, die für die Wahl das Vorbild abgeben. Es können auch Onkel und Tante, Großmutter und Großvater sein, die unser Leitbild vom idealen Partner bestimmen.
Was uns *imponiert,*
was uns *bestätigt,*
was uns *Freude und Trost,*
was uns *Anerkennung* und
was uns *Beachtung*
eingebracht hat, das wählen und das suchen wir.

Da ist Angelika, eine junge attraktive Frau. Ihre Eltern sind geschieden, der Vater ging etliche Male fremd, so daß die Mutter die Scheidung einreichte. Angelika wohnte jahrelang bei ihrer geschiedenen Mutter, die die Männer „satt hatte". Der Einfluß der Mutter auf ihre Partnerwahl war nicht zu leugnen. Männer sind Wesen, die sich ständig nach attraktiven Frauen umsehen, die jeder „Schürze" hinterherlaufen und in erster Linie an sexuellen Dingen interessiert sind. Die Mutter haßte geradezu alles, was an Sexuelles erinnerte. Sie las ihrer Tochter aus der Bibel die Folgen sexueller Verirrung vor und warnte sie vor ihrer Schönheit. Die Tochter zog sich jahrelang bewußt unvorteilhaft an, um ihre weiblichen Attribute zu verstecken. Sie pflegte ihre Haare nicht, „um die Männer nicht zu reizen", wie ihre Mutter sagte.

Angelika lernte eine Reihe Männer kennen, die sich ernsthaft um sie bemühten. Bei der ersten sexuellen Annäherung erlosch ihr Interesse. Sie wurde aggressiv, stieß sie hart und uneinsichtig zurück. Sie ließ nicht mit sich reden. Alle Beziehungen gingen auseinander. Die Männer entschuldigten sich, versuchten es wieder und wieder, aber die Frau reagierte mit Kälte, mit Abneigung und mit Unlustgefühlen. Als sie sich nach der vierten Beziehung doch verlobte und es vor der kirchlichen Eheschließung zu sexuellen Berührungen kam, reagierte sie mit *Vaginismus*. Die Scheide verkrampfte sich, sie bäumte sich innerlich gegen die Berührung auf. Sie spürte unsägliche Schmerzen, wie sie sagte, und demonstrierte plötzlich vom Scheitel bis zur Sohle Ablehnung.

Bis zu diesem Augenblick hatte sie den Mann geliebt, jetzt war die „Liebe" wie ein Stein, der im Wasser versinkt, verschwunden.

Was macht diese kleine Szene aus der Beratungspraxis deutlich?

1. Die Eindrücke, die wir im familiären Zusammenleben der Ursprungsfamilie verarbeitet haben, bestimmen unsere Liebe und unser sexuelles Verhalten in Partnerschaft und Ehe.

2. Angelika war eine gläubige Frau und bewußte Christin, aber nicht ihre moralischen Grundsätze bestimmten ihr partnerschaftliches Verhalten in erster Linie. Die junge Frau war durch negative Gefühle mit ihrer Mutter einsichtig in ihrer Einstellung zu Männern geprägt worden. Angelika hatte sich ein falsches Männerbild

zurechtgemacht. Die Tiefe ihrer Gesinnung war von diesem Bild überschattet.

3. Es brauchte viele Beratungsgespräche, um die Vorurteile gegen Männer und speziell gegen ihren Verlobten abzubauen. Nach ihrer Ehe war noch ein Jahr lang kein Glied-Scheide-Verkehr möglich, weil die Abwehr von Leib, Seele und Geist sie in Spannung hielt. Nach einem Vierteljahr erlebte sie in der Ehe ihren ersten Orgasmus, den Höhepunkt der Lust. Der Bann ihrer ganzheitlichen Abwehr war gebrochen. Die Heilung der Ehebeziehung machte Fortschritte.

4. Hilfreich in der Seelsorge war die Bearbeitung ihrer Kindheit und die Rückbesinnung auf Erfahrungen mit Vater und Mutter, die sich von Jahr zu Jahr fester in ihr Inneres eingegraben hatten. Sie sehnte sich nach Liebe, Zärtlichkeit und Geborgenheit, auch von einem Mann, aber sie wollte das alles ohne Sexualität erleben. Die unglückliche Ehe der Eltern hatte tiefe Spuren in ihrem Seelenleben hinterlassen.

5. Es ist seelsorgerlich nicht richtig, solche *frühkindlichen Verletzungen* mit einem Federstrich beiseite zu schieben. Selbstverständlich können wir als bewußte Christen solche falschen Eindrücke abgeben und im Gebet loslassen. Wir können sie Christus übergeben, aber wir müssen wissen, daß solche jahrelangen destruktiven Informationen unser Denken, Fühlen, Lieben und Glauben stärker berührt haben, als wir glauben.

Es gibt Beispiele dafür, daß in der Seelsorge durch ein einmaliges Lossagegebet alle unglückseligen Beeinflussungen verschwinden und ihre Wirkung auf den Menschen verlieren. Aber es gibt dafür keine verbindliche Zusicherung. Sehr oft braucht der Seelsorger lange Zeit, um die jahrelangen Beeinflussungen im Denken und Fühlen des Ratsuchenden unschädlich zu machen.

LIEBE UND KÖRPERLICH-SEXUELLE BEZIEHUNGEN SIND EINE FRAGE DES LEBENSSTILES

Wenn wir die Liebe im Hinblick auf den *ganzen* Menschen verstehen wollen, hilft uns der Begriff des Lebensstiles weiter. Der Lebensstil, ein zentraler Begriff der Individualpsychologie Alfred Adlers, beinhaltet:

— das einmalige Bewegungsgesetz dieses Mannes oder dieser Frau;
— das persönliche Lebens- und Denkschema eines bestimmten Menschen;
— den Schlüssel für die Persönlichkeit und die charakteristische Haltung zum Leben;
— den Rhythmus seiner persönlichen Gangart;
— die Summe der Verhaltens- und Reaktionsmuster im Denken, Handeln, Wollen, Leben und Lieben;
— die persönliche Note, wie er Schwierigkeiten bewältigt und Erlebnisse verarbeitet;
— die Art und Weise, wie er zupackt, etwas wagt, resigniert, flieht oder angreift, wie er aus Erfahrungen Kapital schlägt und Wasser auf seine Mühlen leitet;
— das individuelle Verhaltensmodell, das zeigt, welche Meinung er über sich selbst hat, über andere, über Gott, über das Leben und nicht zuletzt über die Liebe und den Austausch sexueller Kontakte.

In all den beschriebenen Denk-, Gefühls-, Willens- und Reaktionsmustern spiegelt sich umfassend und differenziert die Liebe und die sexuelle Kontaktbereitschaft wider. Die Liebe drückt sich in allen Lebensäußerungen aus und verdeutlicht, wie der Betreffende

— sich selbst sieht, als liebenswürdig oder unattraktiv,
— welchen Wert er sich zumißt,
— welche Meinung er von Frauen hat,
— welche Meinung er von Männern hat,
— wie er Sexualität und Liebe bewertet,
— wie er voreheliche und außereheliche Beziehungen versteht,

– wie er Über- und Unterordnung, Partnerschaft und Emanzipation einschätzt,
– was er von Freundschaft und Vertrauen hält und
– welchen Stellenwert er der Treue beimißt.

Der Lebensstil – ein Kunstwerk des Menschen

Wie entsteht dieser Stil des Handelns, des Denkens und Wahrnehmens? Wie entwickelt sich dieses einmalige Bewegungsgesetz? Wie kommt es zu den verschiedenen Ausdrucksformen der Liebe? Wie kommt es, daß der eine körperliche Intimkontakte abwehrt, der andere sie als Konfliktlöser benutzt? Wie ist es zu verstehen, daß der eine körperliche Nähe als beglückend, der andere sie als Einengung und Vereinnahmung deutet?

Etwa bis zum Alter von fünf bis acht Jahren hat sich das charakteristische Reaktionsschema gebildet. Eltern, Geschwister und Großeltern, soweit sie das enge Zusammenleben bestimmen, geben dem Kind Gelegenheit zu einer Vielzahl von Erfahrungen, die es auf seine Weise deutet. Ohne daß sich das Kind dessen bewußt ist, formuliert es Leitsätze und Leitlinien, die nach und nach seine Handlungsweise bestimmen. Nicht die objektiven Erlebnisse sind entscheidend, sondern wie das Kind sie *verarbeitet, deutet, versteht, wahrnimmt* und darauf häufig *reagiert*.

Das Kind *macht* Erfahrungen, wie es beispielsweise ein Puppenbett *macht*. Es zieht Schlüsse und betrachtet Welt und Menschen aus einer bestimmten Warte. Der kleine Mensch gewinnt Überzeugungen, die irrig und falsch sein können, die aber sein Leben bestimmen. Nicht Vererbung und Umwelt bestimmen in erster Linie den Lebensstil, sondern die schöpferische Phantasie, das Ich des Menschen, das aus Vererbung und Umwelt sein Denk- und Wahrnehmungsschema baut. Damit wird der Lebensstil zum Zentrum der Persönlichkeit und zur Verkörperung der privaten Logik. Dieser Lebensstil umfaßt fünf Aspekte, die jeweils eine besondere Affinität zur Liebe und zu körperlichen Intimkontakten haben. Wie lauten diese fünf Lebensstilaspekte?

1. Wie sehe ich mich selbst?

Wie schätze ich mich ein? Sehe ich mich oben oder unten, klein oder hilflos, stark oder wehrlos, mutig oder angepaßt, liebenswert oder nicht liebenswert? Welchen Selbstwert billige ich mir zu?

2. Wie sehe ich die anderen? Wie sehen die anderen mich?

Haben die anderen Vater- oder Mutterrolle zu spielen? Suche ich den starken Mann oder die starke Frau? Soll der andere mich verwöhnen, anerkennen, in den Mittelpunkt stellen, aufwerten oder mir die Wünsche von den Lippen ablesen?

Soll der andere führen und die Verantwortung übernehmen? Soll der andere nachgeben, sich anpassen, mir dienen und helfen? Soll der andere schwach sein, damit ich Stärke demonstrieren kann? Es ist einleuchtend, daß diese positiven oder negativen Beziehungsmuster sich auf der körperlichen Intimebene niederschlagen.

3. Wie fühle ich mich in der Welt?

Ist die Welt ein paradiesischer Garten oder Feindesland? Fühle ich mich in ihr wohl, geborgen, gehalten, getragen oder bedroht und angegriffen?

Angst, Mißtrauen und Zweifel charakterisieren aber nicht nur das Weltgefühl, sondern machen sich nachteilig auch auf der Körper-Kontakt-Ebene bemerkbar.

4. Welche Ziele verfolge ich?

Bin ich *Nehmer*, der von anderen Opfer verlangt?

Stelle ich andere in meinen *Dienst*, die dann für mich dazusein haben?

Bin ich der *Antreiber*, der sich und andere anstachelt und der von Ehrgeiz und Aktivität getrieben wird?

Bin ich der *Gute*, der moralisch, geistlich und sittlich nach sehr hohen Maßstäben lebt und anderen überlegen sein muß?

Bin ich das *Baby*, das versteht, sich kindlich und naiv zu geben, das genießen, Lust empfangen und verantwortungslos das Leben gestalten will?

Bin ich der Mensch, der von allen *gemocht* sein will, der nicht nein sagen kann und allen Menschen alle Wünsche erfüllt, um nicht abgewiesen zu werden?

Diese kurz umschriebenen Lebensstil-Rollen können bei Partnern, die schwer damit umgehen können, sofort Dissonanzen im geschlechtlichen Miteinander heraufbeschwören.

5. Welche Mittel und Verhaltensmuster bestimmen mein Handeln?
Welche *Strategien* verwende ich, um mich in der Liebe zu behaupten? Welche erprobten *Verhaltensmuster* setze ich ein, um meine Ziele zu verwirklichen?

Welche *Methoden* stehen mir zur Verfügung, um meine Wünsche und geheimen Absichten zu realisieren?

Benutze ich
– *Kontrolle,* um den anderen im Griff zu haben,
– *Eifersucht,* um den Partner an mich zu binden,
– *Geld,* um den anderen zu kaufen,
– *Gewalt,* um mir den anderen hörig zu machen,
– *Krankheiten,* um den Partner an mich zu binden.

Die fünf Aspekte sind fünf Sichtweisen ein und desselben Lebensstils. Sie bilden ein Ganzes und sind mehr als die Summe der Teile. Es ist deutlich geworden, daß der Lebensstil nicht nur ein Reaktionsschema ist. Das Kind nimmt aktiv am Leben teil, es bewertet und mißt, es zieht Schlüsse und gestaltet, es bezieht Stellung und schafft sich ein Kunstwerk – mit allen Vor- und Nachteilen – nämlich seinen Lebensstil.

Leitmethoden, wie Liebe und Sex verstanden werden

Es gibt charakteristische Lebensstile, die *mit einem Satz* die Leitmelodie der Liebe treffend umschreiben. Ein Kernverhaltensmuster spiegelt die Art wider, wie Liebe gedeutet wird und wie der Austausch von sexuellen Beziehungen verstanden wird. Jeder Mensch hat seine Liebes- und Sexvorstellungen. Er denkt, ich kann nur auf meine Weise lieben,
– wenn ich die Königin bin und alle Männer mir zu Füßen liegen,

- wenn ich untertreibe und als Veilchen im Verborgenen blühe,
- wenn ich als Märtyrer lebe, der unter seinem liebsten Menschen wie in der Hölle leidet,
- wenn ich der Erste bin und der Unvergleichliche und wenn ich angehimmelt werde,
- wenn ich lückenlos alles unter Kontrolle bekomme,
- wenn ich intellektuell allen überlegen und vor allem im Recht bin,
- wenn ich moralisch überlegen bin und mich über den anderen unbewußt erheben kann,
- wenn der andere alle meine Wünsche errät und mir von den Lippen abliest,
- wenn ich für alles die Verantwortung trage und den Partner entmachte,
- wenn ich diene bis zur Aufopferung und auf Enttäuschung liebesunfähig reagiere,
- wenn ein anderer sich um mich kümmert, ein starker Mann oder eine starke Frau,
- wenn der andere mich mitreißt, mich mitzieht und die Initiative ergreift,
- wenn der andere für mich entscheidet, die Probleme anpackt und löst.

Jede der genannten unbewußten Zielvorstellungen, die der Partner ablehnt und die kein wohlwollendes Echo finden, können Störungen auf der Intimebene hervorrufen. So entscheidet der eine Mensch, *Opfer* zu sein, und er denkt und handelt entsprechend. Überall findet er sich als Unglücksrabe wieder. Unschuldig, aber aktiv greift er ins Geschehen ein. Immer versteht er es, Sympathie und Mitleid zu erhaschen. Seine sexuelle Leidensgeschichte ist vorprogrammiert.

Da ist der *Märtyrer*. Er leidet, wird bestraft, verfolgt und versteht es, aus dem Leiden Kapital zu schlagen. Von vielen wird er bemitleidet und genießt im Leiden Ansehen. Er verzichtet auf sexuellen Genuß, weil die Freude nicht zu seinem Lebensstil gehört.

Das ist nur ein kleiner Strauß von Lebensstilaspekten, die treffend die *Leitmelodien der Liebe* verdeutlichen. Mit einem Satz werden Schwerpunkte des Liebesverständnisses charakterisiert. Ein Gedanke gewichtet die Bewegungsrichtung eines liebenden Menschen.

Und in allen Äußerungen des täglichen Lebens und des zwischenmenschlichen Umgangs kommt dieses Hauptverhaltensmuster der Liebe zum Vorschein. Solche Hauptverhaltensmuster sind Schlüssel für das Liebesverständnis eines Menschen. Sexuelles Unerfülltsein kann nur geändert werden, wenn die *Ziele* solcher Leitmelodien der Liebe korrigiert werden.

Deutlich wird:

Eine solche schwergewichtige Leitmelodie der Liebe kann in der Tat einen Menschen prägen, eine Beziehung beherrschen und das Zusammenleben von Eheleuten bis in die körperlichen Beziehungen hinein negativ beeinflussen.

Die Frage der *Erotik,* der *körperlichen Anziehung,* von *Annahme* und *Selbstannahme,* von *sexueller Lust* und *Unlust,* sie sind alle Leitmelodien der Liebe und werden von Mensch zu Mensch verschieden beantwortet. Die Vergangenheit hat nicht unwiderruflich die Liebe im Heute geprägt, die Erfahrung der Kindheit hat nicht unwiderruflich der Gegenwart den Stempel aufgedrückt, aber sie hat Spielarten der Liebe ein bestimmtes Gesicht verliehen. Wenn wir diese Gesichter der Liebe besser erkennen, wenn wir die Dissonanzen der Leitmelodie unserer Liebe tiefer durchschauen, können wir beginnen, die falschen Töne auszumerzen.

Partnerschaftliche Harmonie im Intimleben ist ein *Beziehungsproblem.* Die Leitmelodien der Liebe, wie zwei Partner sie in die Ehe mitbringen, müssen aufeinander abgestimmt werden. Und treten Störungen – auch im Geschlechtlichen – auf, müssen die Lebensstile und -ziele verändert werden.

UNTERSCHIEDE DER GESCHLECHTER – UNTERSCHIEDLICHE SEXUELLE REAKTIONEN

In der Schöpfungsordnung Gottes sind Mann *und* Frau das Ebenbild Gottes. Und doch: Der lebendige Gott hat einen *Mann* geschaffen und eine *Frau*. Weiblichkeit und Männlichkeit sind zwei verschiedene Lebensarten. Beide gehören zusammen und sind doch verschieden. Sie haben die gleiche Würde, spiegeln aber verschiedene Weisen des Denkens, Fühlens, Hoffens und Liebens wider. *Den* Menschen schuf Gott männlich und weiblich. Gott hat also die Verschiedenartigkeit der Geschlechter gewollt. Es ist das Schöpfungsgeheimnis Gottes, daß der Mensch *bedürftig* nach dem anderen Geschlecht ist. Glücklich erkennt sich der Mann in seinem weiblichen Gegenüber wieder: „Das ist endlich Bein von meinem Bein und Fleisch von meinem Fleisch" (1. Mose 2, 23).

In der völligen Vereinigung erfahren sie etwas vom Geheimnis des Menschseins, indem der Mann sich von der Frau her und die Frau sich vom Manne her erfährt.

Die Unterschiede sind auch kulturell bedingt

Der Asiate, der Afrikaner, der Indianer – um nur einige rassisch unterschiedliche Menschen zu nennen – sind in Kulturen aufgewachsen, die stark voneinander differieren. Matriarchalische und patriarchalische Vorstellungen haben die widersprüchlichsten Rollenerwartungen entwickelt. Frauen sind der „Besitz" der Männer, der „Nährboden", die „Sklavin", das „Dienstmädchen" und auch das „Gastgeschenk", das dem Fremden zur Verfügung gestellt wird. Unterschiedliche Kulturen beinhalten unterschiedliche Maßstäbe. Mit gottgewollter und gottgegebener Originalität hat das nichts zu tun.

Ungeachtet der kulturellen Prägung besteht immer wieder die Neigung, die *Gegensätze* von Mann und Frau herauszustellen. Viele versuchen, die biogenetischen Unterschiede in mathematische Formeln zu pressen. So spricht man vom „männlichen Prinzip", es soll das Aktive, Geistige, Rationale und Zukunftsbezogene charakterisieren. Auf der anderen Seite spricht man vom „weiblichen Prinzip", es soll das Passive, das Gefühl und die Vergangenheit verdeutlichen.

Es heißt: Der Mann ist *logisch, objektiv* und *bewußt*. Die Frau ist *irrational, subjektiv und unbewußt*.

Diese Beobachtungen sind nicht völlig falsch. Häufig treffen sie zu und spiegeln männliche und weibliche Eigenarten wider. In der Beratung geschieht es häufiger, daß der Mann sagt: „Nach meiner *Überzeugung* verhält sich die Geschichte so . . ." Und die Frau formuliert: „Nach meinem *Empfinden* verhält sich die Geschichte so . . ."

Im wesentlichen handelt es sich um Spekulationen, die zwar oft zutreffen, aber der Existenz von Mann und Frau nicht gerecht werden. Den „Mann an sich" und „die Frau an sich" gibt es nicht. Kulturelle Einflüsse, Herkunft, Erziehung und Rasse spielen eine entscheidende Rolle. Daß kulturelle Einflüsse und Vorurteile das Denken und Empfinden von Männern und Frauen in einer Gesellschaft stark prägen können, beschreibt Ingrid Trobisch: „In der afrikanischen Gesellschaft gilt die Frau noch weithin als zweitrangiges Wesen. Wer wie ich lange Zeit in dieser Gesellschaft gelebt und das Leiden der Frauen mit eigenen Augen gesehen hat, der kann zutiefst verstehen, aus welchen Quellen sich das Emanzipationsstreben der Frau nährt, von dem heute so viel die Rede ist. Mit großer Selbstverständlichkeit betrachtet der afrikanische Mann die Frau als seinen ‚Besitz'. Er spricht von seiner Frau wie von einem Haus und von seinem Feld. Ja, er betrachtet die Frau geradezu als eine Art Ackerboden, in den er seinen Samen sät, und wie der Sämann wichtiger ist als der Boden, so gilt der Mann mehr als die Frau. Sie ist nur die Durchgangsstufe, nur Mittel zum Zweck . . . Natürlich beruht dieses Denken auf falschen biologischen Vorstellungen. Aber es gibt die einleuchtende Erklärung ab für die Diskriminierung der Frau, die quer durch fast alle Kulturen der Welt geht." (Aus: Ingrid Trobisch, Mit Freuden Frau sein, Wuppertal, S. 9 f.)

Was Ingrid Trobisch von Afrika schreibt, sieht in Lateinamerika nicht anders aus. Ein x-beliebiges Beispiel mag das verdeutlichen. Es geht um das Phänomen *Machismo*. Der Machismo ist die lateinamerikanische Variante des Männlichkeitswahns, die stets sowohl mit romantischer Überhöhung und Verehrung, als auch mit Verachtung und nicht selten mit grausamer Unterdrückung der Frau einhergeht. Der Machismo, in Mexiko beispielsweise, ist ein Mann, der unter sozial erniedrigenden Arbeitsbedingungen leben muß. Er flüchtet in den Alkohol und kompensiert seine Demütigungen als Mann und Arbeiter damit, daß er ein Herrschaftsverhalten im privaten Bereich gegenüber Frauen zur Schau trägt. Die Frauen müssen die Aufzucht der Kinder, die Feldbestellung und die Haushaltsführung garantieren. Die Männer brauchen ihre Machismoallüren, um die gesellschaftlichen Erniedrigungen zu verkraften. Gegen die Herrschaftsverhältnisse ziehen sie nicht zu Felde, aber gegen ihre Frauen. Der Unterschied der Geschlechter ist eklatant.

Mode, Zeitgeist und Kulturmentalität haben Frauen und Männer in allen Geschichtsepochen geprägt. Selbst das westliche Weltbild ist vom polaren Denken gekennzeichnet. Weibliches und männliches Prinzip kehren unterschwellig wieder. In der Kultursoziologie spricht man vom Gegensatz, der sich im *Rationalismus* und im *Romantizismus* äußert. Zwei Köpfe der Vergangenheit kennzeichnen dieses polare Denken: Voltaire, der die „Verstandesreligion" gegenüber der Kirche vertrat, und Rousseau, der die „Gefühlsreligion" betonte. Wie ein roter Faden ziehen sich diese Denkmuster durch die Geschichte.

Der Soziologe David Riesman sprach von zwei gegensätzlichen Typen, die wiederum – unausgesprochen – männliches und weibliches Prinzip verkörpern: Dem *innengeleiteten Typus* und dem *außengeleiteten Typus*. Der innengeleitete Mensch ist der rationale Typ, selbstbewußt, der sich im Griff hat und weiß, was er will. Der außengeleitete Mensch ist der Gefühlstyp, er wird von Ängsten gejagt, fühlt im wesentlichen, was die andern fühlen. Er ist abhängig und läßt sich von Empfindungen und Gefühlen treiben. Die Unterschiede von Männern und Frauen werden in immer neuen Denkmustern propagiert.

Die Geschwisterposition spielt für die Entwicklung von Mann und Frau eine entscheidende Rolle. Die hier trainierten Umgangsmuster sind bedeutsamer als viele biologischen Anlagen. „Es ist nicht wichtig, was der Mensch mit auf die Welt bringt, sondern was er daraus macht", schreibt der amerikanische Psychiater und Therapeut Rudolf Dreikurs.

Innerhalb der Familie werden Bündnisse geschlossen, Rebellion, Opposition, Dominanz und Anlehnungsbedürftigkeit werden etabliert. Auf der Suche nach einem eigenen Platz entwickelt jede Person ihre spezielle, einmalige Methode.

Die Rollenerwartungen der Eltern, die Neigungen der Geschwister, die Dynamik zwischen den einzelnen Familienangehörigen, ihre Enttäuschungen, ihr Neid, ihr Wettbewerb und ihre gegenseitigen Zuneigungen sind Faktoren, die jedes Familienmitglied beinflussen. Die Verhaltensmuster und Reaktionen werden nicht schicksalhaft vererbt, sondern die schöpferische Kraft des Kindes schafft sich ihren eigenen Lebensstil. Darum entwickelt sich jeder Mensch zu einem Original. Er macht Erfahrungen und baut sie in seinen Lebensstil ein. Er zieht Schlüsse und handelt entsprechend.

So sind älteste Kinder – Mädchen und Jungen – oft tonangebend, sie bestimmen, führen das Kommando und spielen sich als Boß auf. Sie tragen eine hohe Verantwortung, kümmern sich um alles und reden in alles hinein. Auch später in der Partnerschaft ist es nicht anders. So suchen starke Frauen schwächere Männer, sie führen, treffen die Entscheidungen, verwalten das Geld, geben in der Kindererziehung den Ton an und bestimmen den Kurs der Familie. Die Männer lehnen sich gern an, wurden schon als Kinder gelenkt und wollen auch sanft geführt werden. Deutlich wird, die Frau ist in eine solche Rolle hineingewachsen, sie hat als Älteste und als Vizemutter ein hohes Maß an Verantwortung übernommen und kann schwer im späteren Leben eine solche Rolle wieder abgeben. Es gibt Verhaltensmuster, die sehr beliebt sind, von Kindern gern aufgegriffen werden und im späteren Leben charakteristisch sind:

der Träumer	der Charmeur
der Trampel	der Sonnenschein

der Boß	die Naive
das Mauerblümchen	die Mütterliche
der Kämpfer	der Väterliche
die Kämpferin	

Die Strategien wurden in der Familie erprobt, im Umgang mit Eltern und Geschwistern trainiert, abgeguckt und neu entworfen. Die Gestaltungskraft des Kindes ist unbegrenzt.

Auf diese Weise wachsen Menschen heran, die Durchsetzungskraft zeigen, Autorität demonstrieren, Offenheit und Verschlossenheit widerspiegeln. Keineswegs sind solche Muster vererbt, sie sind in der Auseinandersetzung mit Familienangehörigen Lebensgrundüberzeugungen geworden.

Jüngste Kinder sind oft die Tüchtigsten. Dieses Kind hat keinen Nachfolger, der ihm auf den Fersen sitzt. Aber es hat viele Schrittmacher. Diese Schrittmacher sind älter, oft tüchtiger und weiter. Sie können ungewollt das Kind stimulieren, seinen Lebensschritt zu beschleunigen. Es neigt dann zu großer Tüchtigkeit, zum Schnellaufen und zum Ehrgeiz. Oft versucht es, seine Geschwister zu überholen und zu übertrumpfen. Es will nicht klein bleiben, es will groß sein, es muß sich recken und strecken. Selbst in der Bibel wird deutlich, daß beispielsweise Joseph alle Geschwister überragt hat. Er war 17 Jahre jüngstes Kind. Joseph wurde verwöhnt und seinen Geschwistern vorgezogen. Die übrigen Geschwister reagierten mit Neid und Haßgefühlen. Es ist unverkennbar, die Unterschiede der Geschlechter sind relativ. Darum gibt es männliche Männer und weibliche Männer, männliche Frauen und weibliche Frauen. Führungstypen bei Männern und Frauen und anlehnungsbedürftige Männer und Frauen.

Die Dynamik der Ursprungsfamilie, die Konstellation und Situation innerhalb des Zusammenlebens hat Starke und Schwache, Mutige und Hilflose, Kopftypen und Herztypen hervorgebracht.

Der biologische Unterschied

Der Hauptunterschied zwischen Mann und Frau ist biologischer Natur. Dieser Unterschied kann und darf nicht verkleinert werden. Nur die

Frau kann Kinder gebären und säugen. Durch ihre einzigartige Verbundenheit mit dem Kind hat die Frau eine größere natürliche Beziehung zu Personen, zum Lebenden und Beseelten. Die Frau ist durch den monatlichen Zyklus, durch Schwangerschaft und Geburt, durch Stillen des Kindes ganz anders mit dem heranwachsenden Säugling verbunden als der Mann.

Der Mann geht nicht schwanger, weiß nicht, was Schwangerschaft, ein Kind im Leib tragen, die Freude der Geburt, die Schmerzen der Geburt erleiden, bedeutet. Gefühle, die eine Mutter auf ihr Kind überträgt, sind – biologisch betrachtet – mit Sicherheit anderer Natur als die des Mannes. Er kennt keine Menstruation, keine Traurigkeit vor und während der „Tage".

Hinzu kommt, daß die verschiedenen Lebensabschnitte unterschiedlich erlebt werden. Die Pubertät spielt oft für das Mädchen eine leidvollere Rolle als für Jungen. Das Mädchen hat mehr Probleme, seine Rolle als angehende Frau zu bejahen und die körperlichen Veränderungen zu akzeptieren.

Und schließlich stellen sich die Wechseljahre ein. Die Frau erlebt den Umbruch ihrer Persönlichkeit stärker. Hitzewallungen, Schlaflosigkeit, Herzklopfen, Schweißausbrüche, Schwindel, nervöse Reizbarkeit und Nachlassen der Libido erlebt die Frau in viel unangenehmerem Maße als der Mann. Ängstlich schaut sie auf diesen unerfreulichen Lebensabschnitt. Die Menstruation bleibt für immer aus. Viele trauern ihrer verlorenen Weiblichkeit nach. Die Eierstöcke werden funktionsuntüchtig. Das Organ schrumpft Zelle für Zelle dahin. Das Hormon Östrogen, das den Unterschied zwischen Jungen und Mädchen hervorruft, wird nicht mehr produziert. Östrogene sind auch die Hormone, die das weibliche Gemüt stimulieren, den weiblichen Sex steuern. Gerade der Östrogenspiegel der Frau ist bestimmten Schwankungen unterworfen. Wenn er steigt, fühlt sich eine Frau zufrieden und zuversichtlich, wenn er fällt, wird sie unruhig und sogar aggressiv. Wenn die Östrogenzufuhr stoppt, vermännlicht die Frau in einer Weise, die geradezu verblüffend ist. Verstärkter Haarwuchs im Gesicht, eine tiefe Stimme, Fettleibigkeit und das Verkümmern der Brüste und der weiblichen Genitalien – das alles trägt zu einer recht männlichen Erscheinung bei. Darum bedeutet für viele Frauen das

Klimakterium das Ende eines sinnvollen Lebens. Das muß nicht so sein.

Die Frau muß nicht zweifeln. Sie kann die verlorenen Hormone ersetzen. Die meisten unangenehmen Veränderungen, die auf Östrogenmangel zurückgehen, können durch dosierte Hormongaben rückgängig gemacht werden. Östrogene schützen vor bestimmten Herzkrankheiten. Es kommt kaum vor, daß eine Frau mit einem normalen Östrogenspiegel einen Herzanfall erleidet.

Auch Gicht ist bei Frauen, die noch menstruieren und daher genügend Östrogene produzieren, ziemlich unbekannt.

Auch die Osteoporose, eine Krankheit, die das Kalzium und den Phosphor in den Knochen vertrocknen läßt, entsteht in späteren Jahren durch Östrogenmangel.

Der Geschlechtstrieb muß nach der Menopause nicht verlorengehen. Sicher ist, daß die Wechseljahre fliegende Hitze und Depressionen hervorrufen und oft das sexuelle Begehren verringern. Aber auch das Gegenteil ist der Fall. Und die Seelsorge an vielen Frauen in den Wechseljahren macht das deutlich. Das sexuelle Verlangen steigert sich. Die Menopause hat eine Umorientierung der Frau zur Folge. Die Angst vor Schwangerschaft ist geschwunden, Verhütungsmittel, die die sexuelle Harmonie beeinträchtigen können, müssen nicht mehr verwendet werden, der Mann muß auf die Tage keine Rücksicht mehr nehmen, und die Freude am Liebesakt und die Freude am Leben haben bei der Frau einen neuen Kurswert erhalten.

Die innere Haltung ist entscheidend. Wichtig ist, daß sie zu diesem neuen Lebensabschnitt ja sagt. Denn mit dem Aufhören der Hormonproduktion muß das sexuelle Begehren nicht gestoppt werden. Die sexuelle Lust ist nicht an die Hormonproduktion gebunden.

Der Unterschied im sexuellen Verhalten

Mann und Frau sind in ihrer sexuellen Erlebnisfähigkeit anders. Der Liebesakt ist für den Mann in erster Linie ein *physisches* Erleben. Er reagiert schnell erregt, durch äußere oder innere Bilder steigert er in

Sekunden sein sexuelles Verlangen. Hastig und treibend steuert er in kürzester Zeit auf den Höhepunkt zu. Zärtlichkeit, innige Vertrautheit und das ganze „Drum und Dran", das besonders die Frau benötigt, sind für ihn nicht unbedingt erforderlich. So schnell wie der Höhepunkt erreicht wurde, so schnell flaut die sexuelle Erregung auch wieder ab. Vergleicht man den Liebesakt des Mannes mit einer Kurve, so steigt die Kurve steil an und fällt auf dem Höhepunkt genauso steil ab.

Das sexuelle Verhalten der Frau ist anders. Die Frau findet Erregung und Befriedigung hauptsächlich in zärtlichen Berührungen und Liebkosungen, in Kuß und Umarmung, die das Liebesspiel einleiten. Sie braucht derartige Liebesbeweise, weil sie ihr sagen, daß ihr Mann sie begehrenswert findet. Viele Frauen erleben ihre Männer als gleichgültig, als brutal, als kalt und lieblos. Die Frau empfindet körperliche Überrumpelung unpassend und ungehörig. Sie fühlt sich vergewaltigt.

Die Erregung klingt auch bei Frauen nach dem Höhepunkt langsamer ab. Sie haben danach ein ausgesprochenes Bedürfnis nach Liebkosung.

Das Märchen von Dornröschen erzählt die Geschichte des erwachenden Mädchens. Es „schläft". Das Sexuelle ist noch nicht geweckt. Erst durch die Berührung werden sexuelle Wünsche und Begierden geweckt. Das Phantasieerleben bei Jungen und bei Männern ist lebhafter. Sexuelles Verlangen kann in Bruchteilen von Sekunden durch sexuelle Phantasievorstellungen geweckt werden.

Früher war es so, daß die körperliche Sexualität in erster Linie für den Mann interessant war. Er wollte und brauchte die körperliche Entspannung, und die Frau gewährte sie ihm, ohne selbst entsprechend mitzufühlen. Die Frau war dazu da, ihm die sexuelle Erfüllung zu ermöglichen. Daß auch die Frau in gleichberechtigter Weise an dem Höhepunkt der Lust beteiligt werden konnte, war für ungezählte Menschen ein abwegiger Gedanke. Ganz selbstverständlich wurde die Frau zum Erleiden erzogen. Sie hatte sich zur Verfügung zu stellen. Auch da wurde sie zur Gehilfin degradiert und nicht zu einem gleichwertigen Gegenüber geadelt. Jahrhundertelang wurde das Bild vom *aktiven* Mann und der *passiven* Frau aufrechterhalten, und die heranwachsenden Mädchen und Jungs agierten innerhalb der vorgegebenen Rollenklischees.

Ein Unterschied im körperlich-sexuellen Bereich ist, daß die Frau mehrere Orgasmen erleben kann. Männer sind dagegen nach einem Orgasmus am Ende ihrer Kräfte. Woran liegt das?

Die Erektion beim Mann hängt von der Blutfülle in den Penisgefäßen ab. Wenn die sexuelle Spannung nach dem Orgasmus nachläßt, hört die Erektion auf, das Blut aus dem Penis fließt in den Körper zurück.

Bei der Frau ist es anders. Die Blutgefäße im Becken und in den Geschlechtsorganen müssen sich nach dem Orgasmus nicht unbedingt entleeren. Das Blut kann ständig zu- und abfließen. Gewöhnlich läßt auch bei der Frau die Erregung nach dem Orgasmus nach, und Gehirn und Rückenmark geben die Befehle, die Kanäle zu öffnen. Dieser Befehl kann jedoch – je nach Lust und Vorstellung – widerrufen werden. Dann füllen sich die Sexualorgane mit Blut, und der sexuelle Reiz kann neu entfacht werden. Frauen können daher viele Orgasmen kurz hintereinander erleben, so daß man in der Tat sagen kann, daß die Frau orgasmusfähiger ist als der Mann.

Auch die Schwangerschaft und die sich ankündigende Geburt eines Kindes beeinträchtigen das sexuelle Verlangen der Frau. Sie ist mit dem Kind beschäftigt. Auch nach der Geburt bleibt die sexuelle Aktivität bei der Frau oft lange eingeschränkt. Körperliche Eingriffe wie der Dammschnitt, der zur Erleichterung der Geburt durchgeführt wurde, bremsen die sexuelle Lust.

Der Sexualwissenschaftler Wendt schreibt dazu:

„Biologisch gesehen wird die Sexualität durch die bestehende Schwangerschaft überflüssig. Wie jedermann weiß, brauchen wir die Sexualität, sonst käme es nicht zur Schwangerschaft . . . Ist die Schwangerschaft dann eingetreten, hat die Sexualität ausgedient. Sie stört nur noch . . . Wie wir Sexualwissenschaftler meinen begriffen zu haben, ,stellt' sich bei Frauen in der Schwangerschaft und Stillzeit die Sexualität (so gut wie biologisch bedingt) ,ab'. Dann wäre alles kein Problem, wenn die Sexualität sich auch beim Mann in dieser Zeit ,abstellen' würde." (Hermann Wendt, Das Neue Sex-Buch, S. 115 f.)

Man kann sagen, daß die häufigsten Sexualprobleme, die in den Beratungspraxen zur Sprache kommen, das Ungleichgewicht der sexuellen Kontakte betreffen. Nach sexualwissenschaftlichen Statistiken wollen Männer zwischen 18 und 38 Jahren vier- bis fünfmal in der Woche Geschlechtsverkehr, während Frauen erheblich weniger sexuelle Liebesakte wünschen. Die Folge ist, daß sich beide Lieblosigkeit und Desinteresse vorwerfen. Enttäuschung, Wut, Niedergeschlagenheit, Resignation und Aggression greifen um sich. Männer reagieren bei kleinsten Auseinandersetzungen gereizt. Ihre sexuelle Frustration bekommen die Partner an allen Ecken zu spüren. Sie verhalten sich distanziert und haben für die Abwehr kein Verständnis. Den Ehefrauen ergeht es nicht anders. Sie vermissen den verbalen Austausch über Probleme und die Zeit, Konflikte breitangelegt und in Ruhe zu erörtern und das Gefühl, ernst genommen und verstanden zu werden.

Die sexuellen Meinungsverschiedenheiten und Unterschiede kann man auf einen Punkt bringen. In einem Schlüsselsatz wurde er von der amerikanischen Sexualwissenschaftlerin Helen Kaplan von der Payne Whithney Clinic in New York formuliert:

„Männer geben Liebe und Zärtlichkeit für Sex – Frauen geben Sex für Liebe und Zärtlichkeit."

Frauen wollen in erster Linie Zärtlichkeit, Liebe, Bindung, Beziehung, Austausch von Gefühlen und Gedanken. Und weil diese Wünsche und Bedürfnisse von vielen Männern so wenig beachtet werden, verringern sich die sexuellen körperlichen Kontakte. Auch Ingrid Trobisch läßt eine afrikanische Frau den Unterschied zwischen Mann und Frau in einem eindrücklichen Bild formulieren: „Das Erleben des Mannes ist wie Grasfeuer; leicht entzündbar, schnell auflodernd und rasch erlöschend. Das Erleben der Frau hingegen ist wie Holzkohlenglut, die der Mann mit Geduld zum Brand entfachen muß und die nach dem Aufflammen noch tief und lange weiterwärmt." (Ingrid Trobisch, Mit Freuden Frau sein, 1976, S. 23.)

Es besteht kein Zweifel, daß der Anblick einer Frau den Mann generell stärker stimuliert, sie als „Sexobjekt" wahrzunehmen. Via Phantasie ist der Mann in der Lage, die verrücktesten Sex-Vorstellungen zu produzieren. Ernstzunehmende wissenschaftliche Untersuchungen haben das bestätigt. Frauen empfinden anders, und Frauen reagieren auch anders. Der Amerikaner Donald Symans beschreibt das weibliche Sexualverhalten sehr treffend, wenn er formuliert: „Die alte Weisheit stimmt schon: Frauen verdinglichen den männlichen Körper nicht auf die Weise, wie Männer das mit Frauenkörpern tun. Das heißt aber nicht, daß sie keinen Spaß daran hätten, das andere Geschlecht anzuschauen. Die Frauen lieben es, Männern nachzublikken. Nur daß der Mann, der eine hübsche Frau vorbeiziehen sieht, sie sich unbekümmert nackt und verfügbar vorstellt. Er braucht gar kein Feedback von ihr, um sich das Bild auszumalen und sogar eine Erektion zu bekommen. Die Vorstellung der Frau hingegen dreht sich darum, was das für ein Mann ist, wie er in ihre Welt hineinpassen würde; sie vollzieht nicht den automatischen geistigen Sprung ins Bett." (Aus Rolf Degen, Der Eros und die Gene, Psychologie heute, 1/ 1989, S. 63.)

Nur selten beziehen sich Frauen auf die körperlichen Attribute ihrer phantasierten Geschlechtspartner. Ihre geläufigen Vorstellungen kreisen vielmehr um die Identität des Liebhabers, das Ausmaß seiner Aufmerksamkeit, die Fähigkeit, Liebe und Hingabe zu demonstrieren, sowie erotische, romantische und idyllische Vorstellungen.

Blättert man in der Geschichte zurück, wurde dem Mann die Rolle der sexuellen Verantwortung zugewiesen. Die Frau hatte sich sexuell zu fügen. Bestimmte festgelegte Rollenbilder wurden Bestandteil der Sexualmoral und von der Gesellschaft übernommen. Der Mann trug die Verantwortung. Er sollte die Frau führen, wecken und sexuell lenken. Die „ehelichen Pflichten", die von frommen Christen zitiert wurden, machen deutlich, daß die Frau ihre „sexuelle Pflicht" zu erfüllen und den Mann zu erfreuen hatte. Er war der Beschützer und Ernährer, sie die zu Beschützende und zu Betreuende.

Wie lange hat sich theologisch der Gedanke gehalten, daß Freude an der sexuellen Lust Sünde ist und daß der Liebesakt nur der Fortpflanzung zu dienen hat. Daß die körperliche Sexualität ein Ort gemeinsamer Freude, menschlicher Nähe und inniger Zweisamkeit sein soll, wie Gott es gewollt hat, wurde jahrhundertelang verdrängt. Die Folge war, daß sich Hunderttausende von Männern und Frauen in schwer neurotische und psychotische Verhaltensmuster verstrickten.

Der Mann ist niemals allein der Verantwortliche in der Partnerschaft und beim Liebesakt. Die Frau ist niemals nur die Marionette, die vom männlichen Partner benutzt wird.

Daß Mann *und* Frau gemeinsam die Verantwortung tragen, ist erst sehr spät erkannt worden. Der Mann tat alles *für* die Frau. Heute beurteilen wir die Beziehungen zwischen Männern und Frauen anders.

Beide sind für beglückende sexuelle Beziehungen verantwortlich, *beide* verschaffen sich sexuelle Erfüllung, *beide* bemühen sich, sexuelle Harmonie zu erreichen.

Unabhängig vom Unterschied der Geschlechter bemühen sich beide Partner, die Wünsche und Bedürfnisse des andern zu verstehen, um den Liebesakt als Höhepunkt ehelicher Zweisamkeit zu erleben. Daß Ehepartner gleichwertig, gemeinsam verantwortlich und partnerschaftlich den Liebesakt erleben sollen, hat schon Paulus in der Urgemeinde schriftlich fixiert:

„Die Frau verfügt nicht über ihren Körper, sondern der Mann; ebenso verfügt der Mann nicht über seinen Körper, sondern die Frau. Keiner soll sich dem andern entziehen – höchstens wenn ihr euch einig werdet, eine Zeitlang auf den ehelichen Verkehr zu verzichten, um ungestört beten zu können" (1. Kor. 7, 4–5).

Die Unzufriedenheit hat viele Gesichter. Der Mensch ist so unzufrieden, wie er sich *fühlt*. Genauer gesagt, er ist so unzufrieden, wie er seine eigene Situation *einschätzt*.

Seine *Vorstellungen* machen ihn zufrieden oder unzufrieden. Seine *Gedanken* machen ihn glücklich oder unglücklich. Seine *Deutungen* lassen ihn fröhlich oder unfröhlich sein.

Schauen wir Elvira und Werner an. Sie sind einige Jahre verheiratet und kommen nach einem Vortrag in die Seelsorge. Sie halten sich an den Händen fest und schauen mich beide unglücklich an. Beide werfen sich einen Blick zu, und dann beginnt er: „Wissen Sie, wir sind beide gläubige Christen, aber wir sind bisher nicht glücklich geworden, uns fehlt die *richtige Erfüllung.*"

Ich: „Sie sagen, Ihnen fehlt die *richtige* Erfüllung, Sie betonen das besonders. Mit anderen Worten, Sie erleben also eine stückweise Erfüllung, aber das reicht Ihnen nicht."

Er: „Genau das ist es. Eigentlich müßten wir rundherum erfüllt sein. Wir lieben uns, wir mögen uns. Wir passen zusammen. Im Glauben gibt es zwischen uns überhaupt keine Probleme, nur . . ." Er zuckt, atmet tief durch. Aber er kriegt's nicht raus. Sie schaut ihn an und gibt sich einen Ruck und beginnt: „Es hat ja alles keinen Zweck, daß wir da herumreden. Unser Problem ist, daß wir beim Glied-Scheide-Verkehr nicht zum Orgasmus kommen, alle beide."

Ich: „Und das quält Sie. Und das läßt Sie unerfüllt sein."

Er: „Wir machen uns beide die heftigsten Vorwürfe. Die Erfüllung muß doch *richtig* sein und nicht verkehrt."

Ich: „Das heißt also im Klartext, Sie bekommen beide einen Orgasmus, aber nicht über den Glied-Scheide-Verkehr."

Beide: „So ist es."

Ich: „Sie befriedigen sich also mit der Hand gegenseitig, und dabei erleben Sie den Höhepunkt? Und was ist daran falsch?"

Sie: „Der Prediger in unserer Gemeinschaft hat gesagt, erstens sei das eine unreife Form der sexuellen Erfüllung, und zweitens sei gegenseitige Selbstbefriedigung Sünde. Man sei dabei auf sich fixiert und nicht auf den anderen."

Ich: „Und Sie praktizieren darum beide die *reife* Form beim Geschlechtsverkehr und bleiben beide unglücklich."

Er: „Seit Anfang unserer Ehe – wir sind beide ohne richtigen Geschlechtsverkehr in die Ehe gegangen – haben wir immer mit Gewalt versucht, den Höhepunkt zu erzwingen. Und der Erfolg: Wir sind beide mit den Nerven fertig. Geklappt hat es nur beim Petting, und das ist doch Sünde, oder?"

Schauen wir uns das Problem von Werner und Elvira etwas genauer an. Was können wir seelsorgerlich dazu sagen?:

1. Der Mensch ist das, was er denkt

Diese uralte Weisheit, die vor einigen tausend Jahren schon gute Beobachter des menschlichen Lebens entdeckt haben, deckt sich mit der biblischen Wahrheit. Wer *glaubt,* daß eine Sache *unrichtig* ist, daß eine Sache falsch und sündhaft ist, der verhält sich falsch und beeinflußt über sein Zentralnervensystem seinen gesamten Organismus so, daß er sich verspannt, verkrampft und der wirklichen Erfüllung entgegensteht.

Im 1. Korintherbrief setzt sich Paulus mit dem Götzenopferessen auseinander. Die Christen haben die Befürchtung zu sündigen, wenn sie Fleisch, das den Götzen geweiht ist, zu sich nehmen. Paulus vertritt eine klare und einleuchtende Haltung:

„Wenn sie Opferfleisch essen, tun sie es in der Meinung, daß sie damit tatsächlich den Götzen anerkennen, dem das Opfer gebracht wurde. Darum belastet es ihr Gewissen, wenn sie von solchem Fleisch essen.

Nun liegt es aber auf keinen Fall an einem Nahrungsmittel, wie wir zu Gott stehen" (1. Kor. 8, 7–8).

Die Botschaft ist eindeutig: Wer die *Meinung* hat, es ist geweihtes Fleisch, es ist Fleisch, das auch vom Glauben abbringt, das mich antigöttlichen Kräften ausliefert, darf das Fleisch nicht essen. Wer es als normales Hammelfleisch genießt, wer im Glauben an den einen Gott die Speise zu sich nimmt, tut nichts Unrechtes, und er wird auch nicht „von unsichtbaren Mächten" (Vers 5) in Bann gezogen.

Die Gedanken führen in uns kein Eigenleben. Sie sind nicht im Kopf isoliert, sondern beeinflussen unsere Gefühle, unseren Muskeltonus und unsere Sexualorgane.

„Dir geschehe nach deinem Glauben", heißt auch:
- Deine Probleme sind das Ergebnis deines falschen Denkens.
- Deine Nervenzerrüttung ist das Ergebnis deiner irrigen Überzeugung.
- Deine sexuelle Frustration ist das Ergebnis deiner falschen geistlichen Einstellung.

2. Wer Lust anstrebt, dem vergeht sie

Es ist ein Kernsatz aus der Psychotherapie Viktor E. Frankls. Er wird in dieser typischen Liebesbeziehung voll bestätigt. Was tun die Liebenden?

Sie *bemühen* und *quälen* sich, wollen es *mit Gewalt* erreichen, *zwingen* sich.

Mit einem Satz gesagt: Sie verhindern ungewollt die Erfüllung. Die Erfüllung kann man nicht anstreben. Sexuelle Erfüllung ist ein *Geschenk,* das uns problemlos in den Schoß der sexuellen Erregung fällt.

Zwei Menschen, die sich absichtslos lieben – soweit man das überhaupt sagen kann –, erfüllen sich. Beide geben in dem Gespräch zu verstehen, daß sie jedes Mal mit „Erfolgsabsichten" an die körperliche Begegnung gingen. Ein absolut sicherer Weg, um den Erfolg zu verhindern. Ich erinnere an den schon zitierten Satz der Frankl-Schülerin Elisabeth Lucas: „Der Erfolg muß erfolgen." Der Erfolg muß sich nebenbei einstellen. Der Höhepunkt kommt von selbst. Der Höhepunkt ist die Frucht zärtlichen Austausches.

Wer den Partner beglücken *will,* vergewaltigt ihn. Was tat Werner? Er drang machtvoll und kraftvoll in die Scheide ein, um *endlich* den Erfolg zu sehen. Was tat sie? Sie ist nur auf Werner konzentriert, und sie will *ihn* befriedigen. Sie will *ihn* glücklich machen und *ihm* den Orgasmus schenken. Ihr selbst ist die Erfüllung gleich.

3. Werner will sich beweisen

Das Gespräch verdeutlicht, daß Werner eine zusätzliche Unzufriedenheit erlebt, weil er sich in seiner Männlichkeit entwertet fühlt. Seine

Frau hatte vor der Ehe keine Beziehungen und erlebte durch ihren Mann zum ersten Male die sexuelle Beziehung und Erfüllung. Sie ist anhänglich und abhängig und möchte ihn gern in seiner Männlichkeit bestätigen. Sie konzentriert sich auf ihn und kommt selbst zu kurz. Darum gilt auch für die sexuelle Begegnung der biblische Kardinalsatz: „Liebe deinen Nächsten wie dich selbst!" Wer sich nicht liebt, liebt damit auch seinen Partner nicht. Wer sich nicht richtig im Auge hat, behandelt darum auch den Partner falsch.

Am Rande erwähnte Werner, daß er manchmal aggressive Gedanken gegen seine Frau hat. Er kann sich das nicht erklären. Irgendwie möchte er ihr weh tun, obschon er sie doch liebt. „Ich habe einen Zorn auf sie – ohne Grund!"

Hat Werner wirklich keinen Grund?

Hat Elvira ihn nicht in seiner Männlichkeit entwertet?

Hat die Partnerin seinen Stolz untergraben?

„Manchmal könnte ich mich selbst ohrfeigen!" sagt Werner. Genau das ist es. Er haßt sich in einer „Schlappschwanzigkeit" und Unmännlichkeit. Denn zutiefst hat er das Gefühl: „Ich bin für ihre Frigidität und meine Impotenz verantwortlich. Ich bin ein Versager."

4. Der richtige oder falsche Geschlechtsverkehr

Die Bibel beschreibt an keiner Stelle, was ein richtiger oder falscher Geschlechtsverkehr ist. Über Petting, das Liebkosen des Partners mit der Hand, und über den „richtigen" Verkehr über Glied und Scheide macht Gottes Wort keine Aussage. Es sei denn, die Bibel beschreibt indirekt, was Sünde ist, nämlich:

Den anderen als Objekt

benutzen,

erniedrigen,

vergewaltigen,

mißbrauchen und

durch Liebesentzug bestrafen wollen ist Sünde. Das ist eine eheliche Fehlhaltung, die lieblos und ehefeindlich ist. Durch Sigmund Freud ist eine irrige Annahme bis in christliche Kreise hinein genährt worden: Die manuelle Befriedigung sei eine unreife sexuelle Betätigung. Die Liebenden seien auf der „pubertären Liebesstufe" stehengeblieben.

Ist es da nicht eine enorme Belastung für alle Christen, die sich lieben, wenn sie ihre Hände berühren oder mit dem Mund den andern befriedigen? Wo steht das, daß nur der *eigentliche* Verkehr biblisch vertretbar ist? Wollen wir jungen und älteren Menschen, die Christus nachfolgen, neue Gesetze hinzufügen, die die eheliche Liebe stören?

Erlaubt ist, was *beiden* gefällt, was *beiden* Freude macht, was *beide* zur Erfüllung bringt und was *beide miteinander* in *gegenseitiger Liebe* tun.

5. Was können beide tun?

Für die Eheleute ist es wichtig, sich die destruktiven Vorstellungen aus dem Kopf zu schlagen:

Geschlechtsverkehr ohne Glied-Scheide-Verkehr sei Sünde.

Orgasmus ohne Glied-Scheide-Verkehr sei Sünde.

Orgasmus ohne Glied-Scheide-Verkehr sei Selbstbefriedigung.

Besonders Elvira ist ein Beispiel dafür, daß ihr sexuelles Verhalten *keine* Selbstbefriedigung beinhaltet. Sie denkt nur an ihn und *seine* Bestätigung, sie gibt sich Mühe für ihn. Und das ist in der sexuellen Vereinigung ein Fehlverhalten. Das sexuelle Glück ist ein Wechselspiel und keine einseitige Triebbefriedigung. In dem Maße, wie beide ihren Zwang aufgeben, auf *richtige* Weise sich befriedigen zu müssen, stellt sich der Höhepunkt von selbst ein. Beide sind orgasmusfähig, beide erleben im Petting ihren Orgasmus.

Wenn beide ihre gegenseitigen Praktiken bejahen, beruhigen sich die Nerven. Sie machen sich selbst nicht mehr verrückt und strapazieren ihre Gemütsregungen. Beide kommen vor sich, vor dem anderen und vor ihrem Herrn zur Ruhe.

Sie erleben Frieden und wirkliche Erfüllung.

Ein sexueller Ehekonflikt, der verbreiteter ist, als Christen in unseren Gemeinden annehmen, ist die Selbstbefriedigung. Nach wissenschaftlichen Erhebungen tritt sie bei Männern und Frauen dann gehäuft auf, wenn die Partner schon vor der Ehe mit der Selbstbefriedigung vertraut waren. Bei einigen wird sie erst in der Ehe entdeckt. Jede Selbstbefriedigung ist zweifellos ein ehestörendes Verhalten, weil die Harmonie der Eheleute in Frage gestellt ist. Die Hingabebereitschaft bei einem oder bei beiden Partnern ist eingeschränkt. Die Eheleute können sich – aus welchen Gründen auch immer – nicht restlos anvertrauen. Helmut Thielicke hat drei Gründe genannt, warum er die Selbstbefriedigung für anstößig hält: „*Erstens* und vor allem deshalb, weil bei ihr der Sexus aus der Ich-Du-Gemeinschaft gelöst wird und damit seine Bedeutung – nämlich Ausdruck und Vollendung jener Gemeinschaft zu sein – verliert. *Zweitens,* weil die sexuelle Phantasie nicht mehr durch die reale Partnerschaft gebunden ist und darum steuerlos vagabundiert. *Drittens,* weil das Fehlen dieser Bindung in der Regel zu einer physischen und psychischen Maßlosigkeit führt . . . Alle Akte, die nicht auf Gott und den Nächsten, sondern auf das eigene Selbst bezogen sind, aktualisieren die Sünde. Von hier aus wird das dreistufige Gefälle in Gang gebracht, das wir bezeichneten." (Helmut Thielicke, Sex, Tübingen, S. 27.)

Was sind Motive und Auslöser für Selbstbefriedigung?

Es gibt zahlreiche *Motive,* die die sexuelle Harmonie untergraben.

1. Eine übergroße Triebstärke
Besonders junge verheiratete Männer sehen in ihr einen Ausgleich für ungelebte sexuelle Betätigung. Die Ehegatten führen ein sonst normales Geschlechtsleben, aber die sexuellen Bedürfnisse – beispielsweise des Mannes – können nicht oft genug mit dem Partner befriedigt

werden. Es kann sein, daß der Mann sich im Alltagsleben mit Hilfe seiner schweifenden Phantasie von sexuell aufregenden Frauen stimulieren läßt und gern in Zeitschriften liest, die sexuelle Aktivitäten herausfordernd darstellen und sich von Busenschönheiten auf Titelbildern von Illustrierten gedanklich anregen läßt und damit auf diese Weise seine sexuellen Wünsche fördert. Selbstverständlich rechtfertigt er seine sexuellen gedanklichen Spaziergänge mit mangelnder Sexualbetätigung in der Ehe.

2. Kommunikationsschranken der Eheleute

Die beiden können nicht miteinander reden. Die Frau wird ihre Sorgen und Probleme nicht los. Er hält ihre Schwierigkeiten für Bagatellen, wertet sie als nichtssagend ab und nimmt damit seinen Partner nicht ernst. Die Frau ist seelisch frustriert und zeigt ihre Enttäuschung im Bett. Leib und Seele sind nahtlos miteinander verbunden. Wenn die Seele friert, kann der Leib schlecht heiß entbrennen. Vielleicht gehen sich beide aus dem Wege und befriedigen sich selbst.

3. Rachegedanken und Vergeltungsgedanken

Nicht selten wird die Selbstbefriedigung von einem Partner im Ehebett praktiziert. Der andere liegt neben ihm und erlebt, daß er links liegengelassen wird. Die Selbstbefriedigung wird als *Vorwurf* gegen den lieblosen Partner angesehen, als *Bestrafung* für mangelnde sexuelle Bereitschaft verstanden und als *Erpressung* benutzt, um den anderen gefügig zu machen.

4. Die Frau kann und will das Glied des Mannes nicht berühren

Sie hat Ekelgefühle und Angst, sich mit dem Sperma des Mannes zu verunreinigen. Vielleicht will sie ihm auch die Entspannung nicht gewähren, weil sie selbst nicht zum Orgasmus kommt. Auch bei ihr können Rachegedanken und Vergeltungsgedanken eine Rolle spielen. Die Folgen sind wieder Selbstbefriedigungspraktiken des Partners, der sich vernachlässigt fühlt.

5. Sexuelle Wünsche, die der Partner als pervers einordnet

Vorstellbar sind orale Praktiken, die Reizung der Geschlechtsorgane bei Mann und Frau mit dem Mund bis zum Orgasmus. Aus Enttäuschung und Wut, weil der Partner die Wünsche sabotiert, befriedigt sich ein Ehepartner selbst. Selbstbefriedigung kann auch praktiziert werden, wenn Mann und Frau es vermeiden, sich vor der Einführung des Gliedes mit der Hand an Geschlechtsteilen zu reizen. Weil einer oder beide keine Befriedigung durch den Partner erfahren, bereitet man sie sich selbst. Deutlich wird, daß beide nicht zu Kompromissen finden, die sexuelles Glück garantieren.

6. Schwerwiegende Partnerschaftsstörungen

Wenn Eheleute monatelang und länger keinen Geschlechtsverkehr haben, kann die Selbstbefriedigung zur Gewohnheit werden. Beide reden nicht mehr über ihre Wünsche und Spannungen. Die Hingabefähigkeit ist blockiert, das Vertrauen zueinander ist untergraben und die Freude aneinander ist abhandengekommen. Sie haben sich auseinandergelebt, wollen sich aber aus den verschiedensten Gründen nicht scheiden lassen. Sie leben noch zusammen, aber sie lieben sich nicht mehr zusammen. Die sexuellen Wünsche sind von Enttäuschungen, Unzufriedenheit und Haß auf den Partner so zurückgedrängt, so daß häufig die Ehefrau alle sexuellen Bedürfnisse unterdrückt hat.

Starke Einzelgänger, die es schwer haben, ihre Gefühle zu offenbaren, Partner, die auch im familiären und öffentlichen Bereich lieber für sich sind, betreiben häufiger Selbstbefriedigung in der Ehe, weil sie alle partnerschaftlichen Begegnungen als Last empfinden. Sie sind mit sich allein am zufriedensten.

Fraglos handelt es sich bei der Selbstbefriedigung um neurotische Praktiken, die mit der Persönlichkeitsstruktur dieses Menschen in Zusammenhang stehen.

7. Ein Partner will sich nicht fallenlassen

Ich habe eine Frau in der Seelsorge gehabt, die Selbstbefriedigung trieb, weil sie sich ihrem Mann nicht total ausliefern konnte. Sie ließ sich erregen, wehrte aber den Orgasmus ab. Sie war für Zärtlichkeiten und kleine sexuelle Spielereien empfänglich, wollte aber die völlige Kontrolle über ihre Gefühle behalten. Sie sagte: „Wenn ich mich fallen lasse, falle ich ins Bodenlose. Ich will nicht ausgeliefert sein. Ich kann nicht von Gefühlen überrollt werden."

Im Orgasmus mit dem Partner vermutete sie eine völlige Hilflosigkeit und Auslieferung sowie einen Verlust der Kontrolle.

Sie wollte das Heft in der Hand behalten. Ihr Vater war ein brutaler Mann gewesen, der unbedingten Gehorsam forderte und jede Kleinigkeit mit Strafen ahndete. Die bedingungslose Unterordnung hatte in ihr einen lebenslangen Widerspruch wachgehalten. „Niemals will ich wieder von Gefühlen der Ohnmacht übermannt werden." Selbst bei der innigsten und tiefsten Verbindung zum Partner behielt sie den Kopf oben.

8. Die Frau erlebt keinen Orgasmus

Der Geschlechtsverkehr der Eheleute führt zum Höhepunkt beim Mann, der sehr schnell den Orgasmus erreicht, aber die Frau unbefriedigt läßt. Die Frau schweigt, der Mann bleibt unwissend. Sie befriedigt sich selbst, um den unterdrückten Orgasmus nachzuholen. Auch hier ist es erforderlich, die *wirklichen* Motive der Frau zu beleuchten. Es kann sein,

– daß Ungeschicklichkeit des Mannes im Spiel ist,
– daß Unwissenheit des Partners eine Bedeutung hat,
– daß versteckte Wut vorhanden ist, dem Partner den „Erfolg" nicht zu gönnen,
– daß Schamgefühle und irrationale Ängste die Frau veranlassen, zu schweigen.

9. Selbstbefriedigung aus Versagensangst

Der Mann glaubt, sich beweisen zu müssen. Er redet sich ein, die Partnerin würde nur einen potenten Liebhaber achten. Er schaut wie hypnotisiert auf die Angst zu versagen und produziert in der Vorstellung sexuelles Versagen. Im entscheidenden Augenblick kommt der Samenerguß zu früh, oder das Glied erschlafft, wenn er den Höhepunkt erzwingen will. Die Versagensangst ist eine Erwartungsangst. Sie wird von dem hervorgerufen, der sie vermeiden will. Der Mann mit Versagensangst weicht dem partnerschaftlichen Verkehr aus, rechtfertigt sich mit verschiedenen Begründungen und betreibt Selbstbefriedigung.

10. Selbstbefriedigung als Kompensation

Der bedeutende Adler-Schüler und Nobel-Preisträger Manés Sperber hat in einem seiner Bücher die Masturbation als Kompensation beschrieben. Bei ihm heißt es:

„Der Masturbant erzeugt zwar künstlich jene Unlustspannung, deren Überwindung – der Orgasmus – Lust abwirft, aber er täte es nicht, wenn er nicht vorher die Wahrnehmung gemacht hätte, daß er auf diese Weise aus seiner Spannung zu einer Entspannung gelangt. Erst die überdurchschnittlich gewordene Spannung bringt eine deutlich lustbetonte Entspannung. Der Masturbant, häufig ein überaus lebensängstlicher Mensch, befindet sich in einer sein ganzes Wesen befangenen Spannung, in einer Art Lebensunlust. Häufig ist die Lust des Orgasmus bei ihm nicht die Kompensation einer genitalen Spannung, sondern er verwandelt in diese die Spannung seiner sozialen Situation, mit der er nicht kompensatorisch fertig werden kann. Der Schüler, der während des Unterrichts aus Prüfungsangst masturbiert, ist ein vortreffliches Beispiel dafür." (Manés Sperber, Individuum und Gemeinschaft, Versuch einer sozialen Charakterologie, Stuttgart, S. 105 f).

Machen wir uns die Aussagen klar:

1. Jede Unzulänglichkeit erfordert eine Kompensation. Jede Spannung verlangt nach einer Entspannung. Jede organische oder seelische Minderwertigkeit provoziert den Ausgleich. Das gilt für das gesamte Leben.

2. Besonders lebensängstliche Menschen neigen vermehrt zur Selbstbefriedigung. Angst ist ein Spannungsverhalten. Kann es nicht angemessen ausgeglichen werden, neigt der Mensch dazu, durch sexuelle Entspannung Ängste zu verringern.

3. Selbstbefriedigung ist häufig *kein* sexuelles Problem. Denn nicht ein sexueller Druck und eine sexuelle Notlage rufen die Selbstbefriedigung hervor, sondern Einsamkeit, Wertlosigkeit, Verlassenheitsgefühle und Beziehungsstörungen.

4. Mit der Selbstbefriedigung *sucht* der junge Mensch eine Art

Selbstliebe, verschafft sich der Schüler eine Zuwendung, die er glaubt, auf andere Weise nicht erfahren zu können. Er kompensiert auf dissoziale Weise. Er weicht aus und läuft den Aufgaben des Lebens davon.

Welche geistlichen und therapeutischen Hinweise können Ehepartnern helfen?

Denn es kann kein Zweifel sein:
Selbstbefriedigung macht eine Ehe ärmer.
Selbstbefriedigung verhindert sexuelle Harmonie.
Selbstbefriedigung ist Betrug am Partner.
Selbstbefriedigung ist Verrat an der Ehe.

1. Schritt: Versuchen Sie über Ihre bewußten und unbewußten Widerstände mit dem Partner zu sprechen.
Gespräche können Widerstände bewußt und die unbewußten Motive durchschaubar machen. Ohne Aussprache verfestigt sich die Abwehr, und ohne verbale Kommunikation verstärkt sich die Mauer zwischen den Partnern. Selbstbefriedigung drückt Widerstand aus:
Einer ist *unzufrieden* mit dem andern,
einer ist *wütend* auf den anderen,
einer ist *enttäuscht* vom anderen,
einer will den anderen *bestrafen,*
einer will sich am anderen *rächen.*
  Drücken Sie Ihre Enttäuschung aus und suchen Sie eine Lösung. Beachten Sie die biblische Regel:
  „Wenn dein Bruder sündigt, dann geh zu ihm und weise ihn unter vier Augen zurecht. Hört er auf dich, so hast du deinen Bruder gewonnen" (Matth. 18, 15).
  Das heißt konkret:
– Dein Bruder oder deine Schwester verkörpern auch den Ehepartner.
– Hingehen und Probleme zur Sprache bringen sind geistliche Verhaltensregeln.

– Wer hingeht, verdrängt die Konflikte und sündhaften Verhaltensweisen nicht.
– Wer den Lebensgefährten anhört, hat den Partner in der Regel gewonnen.

2. Schritt: Liebe deinen Nächsten wie dich selbst

Dieser Kardinalsatz der Bibel ist der Schlüsselsatz für alle zufriedenstellenden partnerschaftlichen Beziehungen. Immer geht es um das *Wir* der Ehe und die Ich-Du-Beziehung.

Selbstverwirklichung am anderen vorbei ist *Sünde*.
Selbstverwirklichung am anderen vorbei ist *Egoismus*.
Selbstverwirklichung am anderen vorbei ist *Selbstbefriedigung*.

Ehe ist wechselseitige Liebe und wechselseitiges Wohltun. Sie beinhaltet Nächstenliebe und Selbstliebe. Geben und Nehmen sowie Schenken und Beschenktwerden gehören unauflöslich zusammen. Beide Ehepartner sollten darauf bedacht sein, den Partner zum Höhepunkt zu bringen.

3. Schritt: Liebe ist ohne Furcht

Angst ist ein Beziehungskonflikt. Alfred Adler fand dafür eine einleuchtende Erklärung: „Angst ist die Vorstellung, in den Augen der anderen an Wert zu verlieren." Das trifft genau den Kern der Sache.
– Der Ängstliche *glaubt,* in den Augen des Partners an Wert zu verlieren.
– Der Ängstliche *redet* sich seine Minderwertigkeiten *ein.*
– Der Ängstliche kultiviert die verrücktesten Vorstellungen.

Negative Gedanken laufen synchron mit ängstlichen Gefühlen.
Liebe und Furcht sind Gegensätze
und schließen einander aus.
Wer sich fürchtet, blickt besorgt auf die Folgen.
Wer sich fürchtet, vertreibt die Liebe.
Wer sich fürchtet, kann sich nicht hingeben.
Furcht ist ein Schutzmechanismus.
Furcht bewahrt sich selbst.
Furcht ist Mißtrauen und schafft Distanz.

Die Liebe gibt, verströmt sich und wendet sich angstfrei dem anderen zu.

„Furcht gibt es in der Liebe nicht, sondern die vollkommene Liebe vertreibt die Furcht", heißt es im 1. Johannesbrief 4, 18. Für den Christen gilt, die Furcht vor Gott ist die einzige Furcht, die alle Ängste überwindet. Wenn Sie aus eigener Kraft diesen Angstmechanismus nicht durchbrechen können, sprechen Sie mit einem Seelsorger, der Ihnen hilft, den Teufelskreis der Angst zu durchbrechen.

Jörg kommt mit seiner jungen Frau Ute in die Beratung. Er führt das Gespräch, gibt sich stark und beschützend und wirkt überlegen. Seine Partnerin schaut ihn ängstlich von der Seite an und zieht sich innerlich und äußerlich zusammen. Sie hat Hemmungen und verweigert sich ihm oft sexuell. Sie empfindet nichts und „macht zu" wie sie sagt.

Wenn sie von zu Hause weggeht, hat sie Angst, etwas zu vergessen und übersehen zu haben. Ständig hat sie das Gefühl, anderen Menschen gegenüber etwas falsch zu machen. Sie reagiert mit Angst, ob sie sich auch richtig auf die anderen eingestellt hat. Ute ist sehr streng erzogen worden und achtet instinktiv darauf, nichts Unpassendes anzustellen.

Sie war das älteste Kind von vier Geschwistern. Der Vater fuhr ihr von klein auf über den Mund, weil er bei der Ältesten erziehungsmäßig nichts verkehrt machen wollte. Die Mutter verhielt sich angepaßt und war dem Mann eine gute Gehilfin. Wenn die Tochter etwas vorhatte, hörte sie vom Vater: „Das packst du nicht! Das wird nichts!" Um dem gefürchteten Vater auszuweichen, zog Ute sich stundenlang in ihr Zimmer zurück. Zu Hause herrschte in den Augen der jungen Frau ständig eine gedrückte Stimmung.

Jörg ist ein hoch aufgeschossener Mann, der leicht zu cholerischen Auftritten neigt. Weil er ungeduldig reagiert und dann unangemessen aus der Haut fährt, verletzt er oft seine junge Frau, die sich dann beleidigt zurückzieht. Jörg entschuldigt sich jedes Mal, aber er kann Utes Angst nicht auflösen. Was macht die kurze Beschreibung dieses jungen Paares deutlich?

1. Die Frau macht zu!
Treffender kann man die Reaktion auf den bestimmenden Mann nicht charakterisieren. Sie wiederholt die Verhaltensmuster aus der Kindheit und stellt sich mit entsprechenden Strategien auf den Partner ein. Die Frigidität ist vorprogrammiert. Verspannungen und Verkrampfungen hat sie schon als Kind erfahren. Auch die frigide Frau „macht zu",

die sexuelle Erregung ist gestoppt und blockiert, der Orgasmus ist unmöglich.

2. Die Frau hat Angst, etwas falsch zu machen

Dieses Gefühl begleitet sie seit der frühen Kindheit. Besonders der strenge Vater lag auf der Lauer, jede Unkorrektheit aufzuspießen und jedes Versäumnis zu kritisieren. Durch die Strenge des Vaters verbreitete sich eine bedrückende Stimmung. Freudlosigkeit und Genußunfähigkeit prägten das Familienklima. Und das Ergebnis?

Die junge Frau lernte, auf Fehler zu schauen, statt auf Erfolge und erfreuliche Dinge. Sie lernte, mit Angst zu reagieren, um ja nichts falsch zu machen. Ihre Grundlebenseinstellung ist negativ konstelliert. Diese Lebensstileigenarten haben auch ihr sexuelles Empfinden beeinflußt. Sie kann sich nicht vergessen und hingeben, sie muß darauf achten, beim Intimverkehr nichts falsch zu machen. Frauen, die sich beim Verkehr beobachten, ob sie wohl zu einem Orgasmus kommen, ob sie frigide reagieren, die sich selbst kontrollieren und Fehler vermeiden wollen, *erzeugen praktisch ihre Sexualstörungen selbst*. Denn der Körper spielt mit. Der Organismus ist ein unteilbares Ganzes. Die falsche Blickrichtung, verbunden mit Angst und Verspannung, ruft die Frigidität hervor.

3. Die Frau zieht sich zurück

Rückzug ist eine beliebte Methode, um bestimmten Forderungen des Lebens auszuweichen.

„Neben diesen aktiven gibt es auch passive Formen der sexuellen Ablehnung: Frigidität und das Zur-Schau-Stellen von Passivität. Diese Funktionsstörung spiegelt sich in dem Gedanken der Frau wider, beim Geschlechtsverkehr nicht anwesend zu sein, als ob das Ereignis nur Sache des Mannes wäre. In allen Fällen von Frigidität habe ich festgestellt, daß die Frau die weibliche Rolle als Demütigung und Einengung empfand. Es ist wichtig, dieses genau als wahr nachzuweisen, und zwar ganz abgesehen vom sexuellen Leben", schrieb Alfred Adler. (Aus: Heinz L. Ansbacher und Rowena R. Ansbacher, Alfred Adlers Individualpsychologie, München/Basel 1972, S. 293.)

Diese eintrainierten Verhaltensmuster, den Vater links liegen zu lassen, abzuschalten und nicht anwesend zu sein, haben später die sexuelle Praktik beeinflußt. Die Bewegungsrichtung des ganzen Menschen ist Spiegelbild seiner sexuellen Bewegungsrichtung.

Das Beratungsbeispiel von Ute und Jörg zeigt:
Sexuelle Harmonie ist ein Barometer für eheliche Harmonie, sexuelle Störungen sind ein Indiz für eheliche Störungen.

Die Sexualität ist der Ausdruck der Persönlichkeit

Dieser zentrale Gedanke zeichnet alle positiven wie negativen sexuellen Empfindungen. Der Lebensstil der Persönlichkeit drückt sich in Gefühlen nach Lust und Unlust aus. Er spiegelt die zielgerichtete Dynamik des Charakters wider.

Jeder hat die Sexualität, die seiner Persönlichkeit entspricht. Jeder hat die sexuellen Gefühle, die mit dem Entwurf seiner gesamten Persönlichkeit übereinstimmen. Wer nicht lieben kann, beruft sich auf sein fehlendes Gefühl. Er hat ein brauchbares Alibi. Unter diesem Blickwinkel ist Frigidität eine Abwehrhaltung. Die frigide Frau *fühlt* nicht nur frigide, sie denkt auch frigide. Sie kann überzeugend darlegen: Sie hat nichts davon. Für gestörte Sexualität ist häufig die Kindheit Schrittmacher. Die Gleise wurden gelegt, Liebe schief zu deuten. Wer die Elternehe als problematisch und gestört erlebt, wer später als Frau die Männer als enttäuschend, nicht vertrauenswürdig und unzuverlässig erfahren hat, der demonstriert einen Lebensstil, der den Mann auf Abstand hält, vom Gefühl der Unlust beherrscht wird und dem Verstand signalisiert: Bleib cool!

Die amerikanischen Sexforscher und Ehetherapeuten William Masters und Virginia Johnson haben in einem Buch einen wesentlichen Gesichtspunkt für eine sexuelle Harmonie formuliert.

„Heute übernimmt jeder einzelne – Mann wie Frau – sexuelle Verantwortung; ein Abschieben auf *ein* Geschlecht kommt nicht mehr in Frage. Denn heute wissen wir, daß ein Mann ebenso wenig für die Sexualfunktion einer Frau verantwortlich sein kann, wie sie seine sexuellen Reaktionsmuster zu kontrollieren vermag. In Wirklichkeit ist weder der Mann imstande, der Frau einen Orgasmus zu ‚bereiten‘, noch kann die Frau dem Mann zu einer Ejakulation verhelfen. Kein Individuum kann die Verantwortung übernehmen. Wir können weder für jemand anderen atmen, noch können wir für ihn essen oder sexuell reagieren.

Ein befriedigender Sexualakt kommt durch das Zusammenspiel zweier Menschen zustande. Er kann nur glücken, wenn beide daran beteiligt sind. Der Liebesakt ist etwas, das sexuell funktionsfähige Partner gemeinsam, nicht *mit* dem anderen oder *für* ihn tun." (William Masters/Virginia Johnson, Spaß an der Ehe, Wien/München, 1973, S. 21 f.)

Wer diese Sätze verstanden hat, ahnt, womit die sexuellen Schwierigkeiten zusammenhängen. Vom Mann, der sich beweisen muß, der stark, potent und leistungsorientiert die sexuellen Beziehungen in Angriff nimmt, war schon die Rede. Wie ist es heute mit der Frau? Wo liegen ihre Probleme?

Die Erfahrung zeigt, daß in erster Linie Frauen in die Beratung kommen.

Die Frau glaubt heute, an ihrer Frigidität schuld zu sein, die Impotenz ihres Mannes verursacht zu haben und für seine vorzeitige Ejakulation mitverantwortlich zu sein.

Diese Einstellung ist genauso falsch.

Sexuelle Probleme sind *Eheprobleme.*

Sexuelle Störungen sind *Partnerschaftsstörungen.*

Sexuelle Probleme sind *Beziehungskonflikte.*

Beide müssen bereit sein, an den Hintergrundmotiven zu arbeiten. Mann *und* Frau müssen als Eheperson bereit sein, die seelischen Konflikte auszuräumen.

Der Orgasmus ist ein Zusammenspiel zweier Menschen

Dieser Satz klingt heute simpel und wird von den meisten widerspruchslos akzeptiert. Er ist aber keine Selbstverständlichkeit. In der Vergangenheit war der Mann verantwortlich *für* seine Frau. In der Hochzeitsnacht machte er etwas *mit* seiner Frau. Die Frau war passiv und hielt sich an die „ehelichen Pflichten". Ich versuche, ein wenig zu überspitzen, um den Wandel im Bereich der Sexualität zu kennzeichnen. Darum wurde auch der Mann beim sexuellen Versagen in der Ehe in erster Linie für schuldig gehalten. Ging in der Ehe etwas schief, trug der Mann automatisch die Schuld, ejakulierte er zu früh, war er impotent oder triebschwach – es war seine Verantwortung.

Kam seine Frau nicht zum Orgasmus, litt sie an Vaginismus, einer unwillkürlichen Zusammenziehung der Scheidenmuskel. Empfand sie eine Aversion gegen Sex, wurde ihm die größere Schuld zugemutet. Diese Sicht der Dinge und die daraus folgende Praxis müssen heute revidiert werden, wenn sexuelle Probleme in der Ehe gelöst werden sollen.

Was drückt eine Frau mit Frigidität aus?

Frigidität ist ein schillernder Begriff. Eine Reihe Fachleute lehnen den Begriff Frigidität ab, weil er zu global und ungenau eine Sexualstörung der Frau charakterisiert. Frigidität beinhaltet: Mangelndes Interesse, den Geschlechtsakt zu beginnen und zu genießen. Andere Begriffe sind: *Anorgasmie,* die Unfähigkeit, den Orgasmus zu erleben und *Dyspareunie,* Schmerzen beim Geschlechtsverkehr. In der Therapieforschung wurden bei der Systematisierung die sexuellen Symptome meist auf die sexuelle Erregung bezogen.

Untersucht werden, wie weit das sexuelle Begehren, die Erregung, der Orgasmus und die Empfindungen nach dem Orgasmus beeinträchtigt sind. Beeinträchtigungen werden *funktionelle Sexualstörungen* genannt.

Frigidität beinhaltet: Die Frau hat keine Empfindungen
Sie kann nicht beantworten, was der Partner ihr sagen will. Die Kommunikation ist gestört. Die sexuellen Empfindungsorgane nehmen die Liebesbotschaft des anderen nicht an. Die sexuelle Störung ist in erster Linie eine Beziehungsstörung.

Im Klartext heißt dieser Satz auch: Die Frau hat keine Empfindungen für ihren Mann, spielt nicht mit, gibt kein Echo, blockiert und reagiert mit abgestorbenen sexuellen Gefühlen.

Viel deutlicher als beim Mann wird fühlbar, daß die Frau auf seelische Beziehungen angewiesen ist. Sie reagiert mit ihrer ganzen Persönlichkeit.

Frigidität kann von der Frau als Machtmittel benutzt werden
Die Geschlechtskälte der Frau ist nicht nur eine Eigenschaft, sie ist auch ein Verhaltensmuster. Da die Sexualität in erster Linie mit Hilfe des Gehirns gesteuert wird, sind auch über das zentrale Nervensystem unbewußte Einflußmöglichkeiten gegeben. Der Satz Marc Aurels, des römischen Kaisers und Philosophen, gilt auch für sexuelle Prozesse: „Der Mensch ist das, wozu ihn seine Gedanken machen." Was geht im Herzen der Frau vor?

Was entspricht ihrem Lebensstil?

Was entspricht ihrem Denken, Fühlen und Wollen?

Die Empfindungen bis in die Geschlechtsorgane entsprechen den Vorstellungen und Leitbildern. Redet sie statt mit Worten mit ihrem Körper, kann selbst die Sexualität als Sprache ihres Lebensstils fungieren. So steht die Frigidität im Dienste des Lebensstiles.

Sie kann als *Mittel zum Zweck* benutzt werden.

Sie kann als *Waffe* Dienst tun.

Sie kann als *Machtmittel* zur Verfügung stehen.

Sie kann zur *Erpressung* benutzt werden.

Die Frau wehrt sich gegen ihre Geschlechtsrolle
Es gibt ein schönes Sprichwort, das heißt: Der älteste Junge ist ein Mädchen. Mit anderen Worten: Das älteste Kind, das ein Junge werden sollte, ist dem Geschlecht nach ein Mädchen, aber dem Wesen nach ein Junge. Es zeigt männliche Züge, ist burschikos, gibt sich kämpferisch, spielt mit Jungen und versucht, überall mit dem männlichen Geschlecht mitzuhalten. Es benutzt nur Herrenfahrräder, trägt nur Hosen und verzichtet auf alles Weibliche.

Die erste Menstruation erlebt es als Niederlage und kämpft bewußt und unbewußt gegen die weibliche Rolle an. Diese Lebensstilhaltung und Leitmethode ihrer Persönlichkeit kann später zur Frigidität führen. Herrisch und bestimmend hat sie in der Ehe die Hosen an. Hingabe versteht sie als Schwäche und Unterlegenheit.

Die Frau erlebt den Geschlechtsverkehr als Vergewaltigung
Nicht wenige Frauen wurden als Kinder mißbraucht von eigenen Vätern, vom Stiefvater oder nahen Verwandten. Mit raffinierten Methoden wurden sie stillgemacht und zum Schweigen verpflichtet. Oft mußten sie jahrelang den Geschlechtsverkehr „über sich ergehen lassen".

Die Sprache drückt die Über-wältigung aus, die Übermacht, aber auch die Gewalt, die angewendet wurde. Es besteht kein Zweifel, daß dieser sexuelle Mißbrauch Spuren hinterlassen kann, die sich in späteren Partnerschaftsbeziehungen auswirken. Die sexuelle Annäherung des Mannes wird als Bedrohung erlebt. Die gesamte Sexualität wird abgewertet und diffamiert. Die belastenden Erfahrungen aus der Kindheit und Jugendzeit werden auf die Ehe übertragen. Die Frau spricht mit ihrem Körper aus, wovon die Seele beeindruckt wurde. Frigidität wird zum Organdialekt.

Welche Hilfe kann der frigiden Frau gegeben werden?

1. Orientieren Sie sich mit Hilfe guter Literatur
Mann *und* Frau sollten sich zu Beginn der Ehe mit Literatur beschäftigen, die sexuelle Vorgänge genau beschreibt, um die leib-geist-seelischen Prozesse, die beim Geschlechtsverkehr ablaufen, voll zu verstehen. Es ist Tatsache, daß auch heute noch gilt: Viele Eheleute, die *meinen,* aufgeklärt zu sein, und vorgeben, Bescheid zu wissen, leiden ganz schlicht an Unkenntnis über sexuelle Körperfunktionen. Nirgendwo ist das Halbwissen so verbreitet wie auf dem Sektor der Sexualität. Besonders Christen sollten den Mut haben, über Dinge offen und direkt zu reden, die sich Gott nicht geschämt hat zu erschaffen. Wer das Sexuelle tabuisiert und diskriminiert, beleidigt den Schöpfer. Die Sexualität ist eine wunderbare Gabe Gottes, über die Menschen bestens Bescheid wissen sollten, um sich nicht gegenseitig zu enttäuschen. Unwissenheit, falsche Vorstellungen und unangemessene Prüderie sind Barrieren für die Frau, eine Erfüllung auch im Orgasmus zu finden.

2. Gewinnen Sie die richtige Einstellung zu Ihrem Problem!

Eine sexuelle Störung ist gegeben. Sie bejahen sie und bereiten sich darauf vor, sie zu verändern.

Hadern Sie nicht mit dem Leben!

Hadern Sie nicht mit dem Partner!

Hadern Sie nicht mit Gott!

Wer hadert, läuft vor dem Problem davon. Er bemitleidet sich, aber er handelt nicht. Wer hadert, entschuldigt sich selbst. „Kämpfe den guten Kampf des Glaubens, dazu auch du berufen bist . . .“ (1. Tim. 6, 12). Wer an Christus glaubt, dem sind keine Schwierigkeiten erspart. Wer an Christus glaubt, läßt sich nicht hängen. Er schaut nicht auf das Versagen, er kämpft und nimmt seine Störung in Angriff. Er weiß

Krisen sind *Lebenshilfen.*

Krisen sind *Reifungshilfen.*

Krisen sind *Herausforderungen Gottes.*

Krisen fördern die Partnerschaft, wenn sie als *Wachstumshilfen* verstanden werden.

Frigidität ist kein unlösbares Problem. Aber es hängt davon ab, ob jemand bereit ist, die Frage Jesu rückhaltlos ernst zu bejahen: „Willst du gesund werden?“ Die richtige Einstellung ist eine wesentliche Voraussetzung zur Heilung.

3. Klären Sie mit Ihrem Partner oder mit einem Seelsorger, was Sie mit Frigidität ausdrücken!

Klären Sie bei Depressionen und Frauenkrankheiten, ob organische Gründe eine Rolle spielen. Wenn Sie ernsthaft um Hilfe nachsuchen, zeigen Sie damit, daß die eheliche Beziehung Ihnen wichtig ist, daß Sie wirklich Heilung wollen und die Störung nicht als Alibi benutzen. Wenn Frau *und* Mann seelsorgerliche und beraterische Hilfen verweigern, demonstrieren sie, daß ihnen nichts an der Lösung liegt und daß sie die sexuelle Harmonie nicht für erstrebenswert halten.

Beide verstoßen dann gegen das biblische Gebot: „Entziehet euch einander nicht, außer im gegenseitigen Einverständnis und nur eine Zeitlang, um für das Gebet frei zu sein“ (1. Kor. 7, 5).

Deutlich wird:

Wer an sexuellen Störungen nicht arbeitet, entzieht sich. Wer Partnerschaftskonflikte nicht ernst nimmt, entzieht sich. Wer die Ehegefährtin zum Seelsorger schickt und selbst die Seelsorge ausschlägt, entzieht sich.

Wozu verweigern Sie sich?

Wozu lassen Sie keine sexuellen Empfindungen bis zum Orgasmus zu?

Was wollen Sie bezwecken?

Wollen Sie bestrafen?

Wollen Sie sich rächen?

Wollen Sie erpressen?

Wozu qualifizieren Sie die sexuellen Beziehungen ab?

Erst wenn die *Motive* ans Licht gehoben, die Beweggründe erkannt worden sind, kann man gezielt auch für neue Umgangsmuster beten. Der Satz „Bete und arbeite" gilt auch für den Umgang mit sexuellen Problemen.

4. Äußern Sie Ihre Wünsche und Bedürfnisse!

Hinter frigiden Verhaltensmustern verbergen sich oft Enttäuschungen. Frigidität kann Verbitterung beinhalten. Sexuelle Frustrationen werden tapfer und geduldig getragen. Viele Christen berufen sich auf die biblische Tugend der Geduld. Sie schlucken und schweigen, sie dulden und resignieren. Handeln sie christlich?

Sie zeigen keine Geduld, sondern Resignation. Sie bleiben zwar drunter unter ihren Problemen, aber hoffnungslos, und sie leiden, ohne etwas dagegen zu tun. Die Geduld, die Paulus im Römerbrief anspricht, setzt einen ganz anderen Akzent. Bei ihm heißt es:

„Wir wissen, Bedrängnis bewirkt Geduld, Geduld aber Bewährung, Bewährung Hoffnung" (Röm. 5, 3 und 4).

Die sexuelle Störung ist eine Herausforderung, keine Katastrophe. Die sexuelle Störung ist eine Bewährungsprobe und kein Tatbestand zum Verzweifeln.

Wer sie als Christ in Angriff nimmt und sich ehrlich um eine Lösung bemüht, wird in der Regel nicht enttäuscht. Wer still vor sich hinduldet, verstärkt seine Probleme und belastet die Partnerschaft.

5. Spielen Sie nie Ihrem Partner einen Orgasmus vor!
Jede Form der Täuschung zwischen Mann und Frau trägt immer schon den Kern der Zerstörung in sich. Was können die Motive sein, den Partner zu täuschen?

– Die Frau will ihren Mann glücklich machen.
– Die Frau will ihrem Mann nicht Einblick in ihr Gefühlsleben gewähren.
– Die Frau will den Koitus abkürzen.
– Die Frau sieht den Geschlechtsakt als mechanische Dienstleistung.
– Die Frau sieht in der Vortäuschung das kleinste Problem in ihrer Ehe.
– Die Frau hat Angst, ihre Frigidität ihrem Mann zu offenbaren.

Die Frau baut eine unsichtbare Wand auf. Sie betrügt sich und ihren Mann. Sie baut ihre Partnerschaft auf einer Lüge auf. Sehr oft ist die Vortäuschung des Orgasmus ein Fehlverhalten, das beide Partner arrangiert haben. Er ist aggressiv und hat hohe sexuelle Erwartungen, außerdem schmeichelt der Orgasmus seinem männlichen Stolz. Die Frau spielt mit und will ihm nicht seine Macherrolle streitig machen. Die Vortäuschung des Orgasmus kann Ekelgefühle verstärken. Die Frau erlebt ihren Mann als sexuelles Tier, weil sie keine Empfindungen hat. Ob sie will oder nicht, sie distanziert sich mehr und mehr.

Die einzige Hilfe ist die Aussprache. Sie ist zunächst für beide schmerzlich, kann aber auf Dauer eine große Befreiung und Erleichterung für beide sein.

6. Suchen Sie bei Schmerzen den Frauenarzt auf, um organische Störungen auszuschließen
Welche Störungen können organischer Natur sein?

– Schmerzen, die auftreten, wenn der Penis tief in die Scheide eindringt und die im Innern des Beckens wahrgenommen werden, können Entzündungen der Eileiter sein.
– Es kann sich um Zysten an den Eierstöcken und um Verwachsungen und Narben als Folge von früheren Entzündungen handeln.
– Es kann sich um einen Gebärmutterknick handeln. Bei dieser Lageanomalie stößt der Penis häufig direkt gegen den Gebärmutterkörper, der fast immer druckempfindlich ist.
– Gelegentlich kann für einen schmerzhaften Verkehr eine Endome-

triose verantwortlich sein. Das ist dann der Fall, wenn Gebärmutterschleimhaut auf andere Beckenorgane versprengt wird. Diese Schleimhautreste unterliegen auch dem Monatszyklus, wachsen jeden Monat heran und bleiben. Dadurch bilden sich Zysten und Verwachsungen.

— Es kommt auch eine Scheidenentzündung vor, die durch Trichomonaden oder Pilze entstanden ist.

— Auch die Reibung des Gliedes — bei älteren Frauen — an den trockenen Schleimhäuten kann schmerzhaft sein. Selbst Entzündungen der Blase und der Harnröhre können dadurch hervorgerufen werden.

Insgesamt gilt: Wer frühzeitig den Arzt aufsucht, erspart sich und dem Partner Leiden.

DIE IMPOTENZ DES MANNES

Viele Männer leiden darunter, keine Erektion, ein Steifwerden des Gliedes, zu bekommen oder sie nicht aufrechterhalten zu können. Sie fühlen sich minderwertig und betrachten diesen Zustand als entehrend und unmännlich.

Hat der Mann *einmal* versagt, quält ihn der Gedanke:

„Ich habe einmal versagt, jetzt ist es mit meiner Potenz vorbei. Hoffentlich geschieht es beim nächsten Mal nicht wieder!"

Walter Trobisch hat die Angst vor Blamage im Unterschied zur Frau charakterisiert:

„Ich weiß nicht, ob sich eine Frau in diese Frustrierung voll einfühlen kann. Sie kann von ihrem Organ nicht in der gleichen Weise im Stich gelassen werden wie der Mann. Sie kann vielleicht nicht empfinden – das ist ihr Leiden –, aber sie kann doch die Vereinigung vollziehen lassen. Die Befeuchtung der Scheidenwand ist nicht im selben Maße Voraussetzung dazu wie die Erektion des Mannes. Deshalb spricht man bei der Frau auch nicht von Impotenz (Unvermögen), sondern von Frigidität (Unempfindlichkeit, Kälte)." (Walter Trobisch, Der mißverstandene Mann, Kehl, 1984[2], S. 23.)

Impotenz, nämlich Unvermögen, Ohnmacht, Potenzlosigkeit und Potenzschwäche sind typisch männliche Verhaltensmuster.

Der Schlappschwanz

Die deutsche Sprache hat ein frivoles, aber treffendes Wort für den impotenten Mann: Er ist ein „Schlappschwanz".

Der eben schon zitierte verstorbene Eheberater und Missionar Walter Trobisch hat in seinem Büchlein „Der mißverstandene Mann" einige Gedanken veröffentlicht, die diesen Aspekt erhellen: „Nirgends aber erfährt der Mann Frustration so stark, so schmerzlich und vernichtend wie im sexuellen Erleben. Als ein ,Stier' empfindet sich der Mann, wenn das sexuelle Drängen in ihm so stark wird, daß er

selbst es kaum noch zügeln kann, so daß er dieser ‚Stärke' nicht froh wird, sondern sich ihrer schämt ... Noch frustrierender für den Mann ist aber die gegenteilige Erfahrung, die des sexuellen Versagens – also nicht ‚Stier', sondern ‚Schlappschwanz'. Es gibt wohl keine Erfahrung im Leben des Mannes, die für ihn erniedrigender und beschämender ist, keine, um deretwillen er sich mehr verachtet, keine, in der er sich weniger als Mann annehmen kann, als wenn er trotz Begehrens und seelischen Verbundenseins die erwartete Vereinigung nicht vollziehen kann, weil die dazu nötige Steifung seines Gliedes nicht eintritt. Genau das meint das Wort ‚Schlappschwanz'."
(Aus: Walter Trobisch, a. a. O., S. 20 f.)

Wie ist die Erektionsschwäche zu verstehen?

Trobisch gibt eine Erklärung, die einen Wesensunterschied zwischen Mann und Frau charakterisiert:
– Der Mann *hat* sein Organ, die Frau ist Organ.
– Der Mann steht seinem Glied gegenüber, wie einer anderen fremden Person. Die Frau weiß sich eins mit ihren sexuellen Organen.
– Der Mann kann leichter Geschlechtsverkehr und Liebe trennen. Er ist in der Lage, sexuelles Begehren ohne Liebe zu produzieren. Die Bordelle sind dafür ein schlagender Beweis. Die Frau dagegen liebt ganzheitlicher, denn sie ist mit Leib, Seele und Geist dabei.

Welche Motive sind für die Impotenz verantwortlich? Was sind die Gründe, die die „Ohnmacht" des Mannes fördern? Wie kommt es, daß ausgerechnet das „starke Geschlecht" an sexueller Schwäche leidet?

1. Die Überbetonung des Sex in unserer Gesellschaft

Die Überschwemmung mit sexualwissenschaftlichen Informationen, mit pseudowissenschaftlichen Mitteilungen, mit Sexartikeln, Sexpraktiken, technischen Hilfen und Werkstattberichten hat vielen Lesern ein völlig einseitiges Bild der Probleme vermittelt. Die körperlichen Intimbeziehungen wurden und werden perspektivisch, zahlenmäßig, darstellungsmäßig und schwerpunktmäßig völlig verzerrt wiedergegeben. Viele Emanzipierer haben die Diktatur der Prüderie zu zerschlagen versucht und haben eine neue *Sexdiktatur* aufgerichtet. Orgasmuszwang und sexuelle Pflichtübungen rufen selbstverständlich das Gegenteil hervor, denn der Orgasmus kann nicht erzwungen werden. Vor allem Männer müssen den Eindruck gewinnen, der Supersex und der Superorgasmus sind die erstrebenswerten Ziele in der Partnerschaft. Diese *Selbstüberforderungen* rufen Impotenzgefühle hervor und provozieren Versagensgefühle.

2. Potenz kann man nicht machen

Sexuelle Macht – und das meint die Potenz – steht dem Mann nicht wie ein Diener zur Verfügung. Einen willenlosen Diener kann man lenken, leiten und herumkommandieren. Aber die Potenz ist eine Macht, die im entscheidenden Augenblick den Dienst verweigert. Wie schreibt Walter Trobisch:

„Genau das ist das Leiden des Mannes: Es ist das Unverfügbare. Er, der so angelegt ist auf Vorausplanen, Berechnen, Einkalkulieren, auf Erobern und Verfügen, der seine Sicherheit aus der Gewißheit des Machbaren erhält, gerade er bekommt sich im intimen Bereich nicht in seine Verfügungsgewalt." (Walter Trobisch, a. a. O., S. 23.)

Lust ist ein Begleitphänomen, man kann sie nicht planen und über sie verfügen.

3. Der Impotente sichert durch Distanz

Die Individualpsychologie geht davon aus, daß der Neurotiker Symptome produziert, um das Ziel seiner Überlegenheit zu sichern. Jeder sichert auf seine Weise. Auch der Sexualneurotiker benutzt Kunstgriffe, um sein Image zu wahren. Impotenz ist eine Sicherung durch Distanz, durch Einschränkung der Bewegung und durch Rückzug. Alfred Adler kennzeichnet diese unbewußte Strategie folgendermaßen:

„Masturbation, vorzeitige Ejakulation, Impotenz und Perversion zeigen einen zögernden Lebensstil, der sich aus der Furcht der Unvollkommenheit bei der Annäherung an das andere Geschlecht ergibt. Das begleitende Ziel der Überlegenheit wird sich uns andeuten, wenn wir fragen: ‚Warum so eine große Furcht, unvollkommen zu sein?' Dann kann die Antwort nur lauten: ‚Weil das Individuum ein so hohes Erfolgsziel gesetzt hat.'" (Aus: Heinz L. Ansbacher und

Rowena R. Ansbacher, Alfred Adlers Individualpsychologie, München/Basel 1972, S. 265.)

Was wird deutlich?

– Sexuelle Störungen drücken Angst aus.

– Sexuelle Störungen beinhalten eine große Furcht vor Unvollkommenheit und Versagen.

– Sexuelle Störungen werden unbewußt eingesetzt, um den Selbstwert zu schützen.

– Sexuelle Störungen verraten einen Perfektionismus, der auch das Intimleben mit einschließt.

4. Impotenz – das Symptom als Mittel zum Zweck

Die Neurose, auch die sexuelle Neurose in Form der Impotenz, erfüllt einen Zweck. Sie hat einen Sinn für die Betroffenen. Der Neurotiker behält seine Furcht, er läßt sich nicht zwingen, aber er läuft vor den Lebensaufgaben davon. Für ihn heißt Freiheit, *nicht* zu tun, was das Leben, was Ehe und Partnerschaft von ihm fordern. Der Adler-Schüler Johannes Neumann kennzeichnet den Neurotiker mit seinen Symptomen so:

„Das Symptom ‚hindert‘ den Neurotiker gerade das zu tun, was von ihm gefordert wird; ‚hindert‘ – mit Erfolg. Aber der Nervöse verwechselt Ursache und Wirkung. Er ist der Arrangeur des Symptoms . . . Der Mann, der von seiner Mutter erdrückt wurde, sichert durch seine Freiheit einer Frau gegenüber durch Homosexualität, durch impotentia coeundi (durch Unfähigkeit zum Geschlechtsverkehr), durch Ejakulatio präcox (durch vorzeitigen Samenerguß)." (Johannes Neumann, Der nervöse Charakter, Stuttgart 1954, S. 136.)

Mit anderen Worten:

Der Impotente kann seine Schwäche benutzen, um gegen den Partner stark zu sein.

Der Impotente flieht in die Ohnmacht, um sich nicht beweisen zu müssen.

Der Impotente ist frei im Neinsagen und Sichverweigern.

Der Impotente muß also die sexuelle Unfähigkeit nicht passiv erdulden, er hat sie aktiv in Szene gesetzt.

5. Impotenz durch falsche Annahmen

Ein abgewandeltes Sprichwort gibt einfühlsam wieder, worum es auch bei Impotenz geht: „Der Weg zur Hölle ist mit falschen Annahmen gepflastert."

Der amerikanische Seelsorger Tim LaHaye sieht die zentrale Ursache der Impotenz in unsinnigen Annahmen.

„In 90 von 100 Fällen kann man Impotenz heilen. Wir erinnern uns: ‚Man ist, wofür man sich hält.' Oft spricht man vom Herzen, wenn man das Gefühlszentrum im Gehirn beschreiben will, das zunächst jedes Organ des Körpers in Bewegung setzt. Wenn ein Mensch denkt, er sei impotent, fühlt er sich impotent, wenn er sich so fühlt, ist er impotent. In einer Formel könnte man das Problem so ausdrücken: Gedanken an Impotenz + Gefühl der Impotenz = Impotenz." (Tim und Beverly LaHaye, Wie schön ist es mit dir, Wetzlar, 1979, S. 171.)

Die Formel ist schlicht und einleuchtend. Wer sich für eine Niete hält, ist eine Niete. Und daß der Glaube Berge versetzt, haben wir oft in der biblischen Verkündigung gehört. Daß er aber auch im menschlichen Bereich positive wie negative Wirkungen hervorbringen kann, macht unter anderem die Potenz deutlich.

Auch die Bibel drückt klar und deutlich das Ergebnis irrealer Annahmen aus, wenn sie formuliert: „Was der Mensch sät, wird er auch ernten" (Gal. 6, 7).

Wer Befürchtungen sät, wird erfüllte Befürchtungen ernten.

Wer Impotenzängste sät, wird Versagensangst ernten.

Unsere Gedanken beinhalten eine ungeheure Kraft.

6. „Radioantennen machen unsere Männer impotent"

Unter dieser Überschrift brachte eine Illustrierte einen Artikel über die schädliche Wirkung elektromagnetischer Wellen in einem Vorort von Rom. Dort heißt es:

„Die Staatliche Fernsehgesellschaft RAI versorgt von dort aus den römischen Luftraum genauso mit ihren Programmen wie zahllose private Fernseh- und Rundfunkstationen. Dabei bauen sich starke elektromagnetische Felder im Äther auf – die dann die eher kosmischen Geisterphänomene im Ort bewirken . . . Oder Giovanni Mariotti: Der Dreißigjährige hatte ein erfülltes Liebesleben mit seiner Frau. Dann wurde er plötzlich impotent. Wie mindestens zehn Prozent der Männer aus Rocca di papa. Die Fälle sind also keine Einzelschicksale." (Aus: Die Zwei, 29/88 S. 12 f.)

Ein Foto zeigt den jungen Mann, und ein Text dazu formuliert: „Wer spricht schon gern über seine Impotenz? G. Mariotti tut es, um gegen die Antennen zu kämpfen."

Ich bin kein Fachmann, um den Einfluß solcher Wellen pauschal in Frage zu stellen. Wer Fernsehantennen und elektromagnetische Wellen allein für seine Impotenz verantwortlich macht, begeht einen großen Fehler. Die Folgen sind:
- Er fragt nicht nach Beziehungs- und Kommunikationsstörungen in seiner Ehe.
- Er sucht ein brauchbares Alibi für sein Versagen.
- Und er schiebt die Schuld auf anonyme Wellen, die sein Liebesleben blockieren.

7. Die organische Seite der Impotenz

In den letzten Jahren hat sich die Forschung besonders der endokrinologischen Ursachen der Impotenz angenommen. Die psychogene, die seelisch bedingte Form der Impotenz sei zahlenmäßig nicht so hoch anzusehen, wie das bisher in den meisten Veröffentlichungen geschehen sei. Neben neurologischen und vaskulären Ursachen fehlender Erektion werden heute in ca. 30 Prozent aller Fälle endokrinologische, also durch Drüsen verursachte Störungen angenommen. Das Hauptproblem wird in einem krankhaften Serumtestosteronspiegel gesehen. Kliniker eines Bostoner Forschungsteams in Amerika behaupten sogar, daß in zwei von drei Fällen mit erektiler Impotenz die Patienten auf psychotherapeutische und seelsorgerliche Hilfe nicht ansprechen. Die Patienten würden unnötigerweise und erfolglos mit therapeutischen Mitteln bearbeitet, die die Selbstwertstörungen des Mannes noch verstärkten. Wörtlich heißt es:

„Die hormonanalytische Abklärung bei 105 Männern mit primärer und sekundärer impotentia erigendi (Unfähigkeit, das Glied zu versteifen) im Alter zwischen 18 und 75 Jahren zeigte, daß 37 Männer eine Störung der Hypothalamus-Hypophysen-Gonadenaxe hatten und dann 36 auffällige Serumtestosteronspiegel." (Medical Tribune, Nr. 31/1980)

Bis heute ist allerdings unklar, ob bei der impotentia coeundi (Impotenz bei Geschlechtsverkehr) die Hormonbehandlung mit dem Gonadotropin-Releasing-Hormon direkt zum Erfolg führt oder ob es sich bei der Verabreichung des Pharmakons um einen Placebo-Effekt handelt. Placebos sind Scheinmedikamente, die nur den Anschein von Medikamenten haben, aber aus unwirksamen Stoffen zusammengesetzt sind. Der *Glaube* an das Medikament ruft dann nachweisbare Wirkungen hervor. Die positive Einstellung prägt, um über das Nervensystem Veränderung im Organismus zu bewirken.

Was kann der Mann tun?

– Bei prinzipiellen Erektionsstörungen, das Glied wird nicht steif, wenn er allein ist und wenn er starke sexuelle Phantasien entwickelt, sollte ein Arzt konsultiert werden.
– Bei Geschlechtsverkehr in der Ehe, wo das Glied immer wieder erschlafft und es nicht zum Orgasmus kommt, sollte der Mann *zunächst* einen Arzt aufsuchen, der eine hormonanalytische Abklärung vornimmt.
– Der Mann verhindert, daß er sich unter Umständen unnötig mit Problemen belastet, die das eheliche Zusammenleben empfindlich stören.

Hilfen für den impotenten Mann

1. Schritt: Abbau der Leistungsängste
Die häufigsten Ursachen und Motive für Impotenz sind *falsche* Sexualvorstellungen und Leistungsängste. Der Mann hat übertriebene Erwartungen an sich:
– Er *muß* ein guter Liebhaber sein.
– Er *muß* Erfahrungen mit Frauen haben.
– Er *muß* jederzeit potent sein.

– Er *muß* häufig in der Woche verkehren können.
– Er *muß* den Samenerguß so lange zurückhalten können, bis seine Partnerin befriedigt ist.

Wer solche Leistungsvorstellungen im Auge hat, programmiert sein Versagen. Die selbst eingeredeten „Muß"-Parolen wirken wie Zwänge. Der Mann überfordert sich und damit die Ehebeziehung. Er schaut auf die Leistung, statt auf den Partner. Er schaut auf den Erfolg, statt auf die Liebe. Der Mann muß systematisch lernen, den Blick von der Leistung zu nehmen. Und er muß lernen, nicht zu müssen.

2. Schritt: Vermeiden Sie körperliche Beziehungen, die zielorientiert sind

Viele Christen sind der unausgesprochenen Überzeugung: Produktivität ist wichtiger als Vergnügen. Erst kommt die Arbeit, dann das Spiel. Arbeit ist Tugend, Spiel ist Sünde.

Selbstverständlich sind die Gedanken überspitzt, aber sie geistern laut oder leise durch unsere Gemeinden. Es ist keine Frage, daß die freudlose Gläubigkeit auf die Sexualmoral einen wesentlichen Einfluß genommen hat. Das teuflische Element der Leistungsethik wird auf die Sexualität übertragen. So haben Mann und Frau stets ein Ziel vor Augen:
– Ejakulation für den Mann.
– Orgasmus für die Frau.
– Alles wird in kürzester Zeit abgehandelt.
– Wenn das Ziel erreicht ist, ist die Aufgabe befriedigend gelöst.

Körperlich-sexuelle Beziehungen sind für diese Christen *keine* natürliche Lebensäußerung, *kein* Ausdruck einer emotionalen augenblicklichen Stimmung, *kein* zielloses Sich-Aneinander-Freuen und werden zur Konzentration auf den gegenwärtigen Akt. Und das ist falsch. Solche Einstellung ist eine Ziel-Verfehlung und Diskriminierung der guten Gaben Gottes. Darum gilt:

Das Zusammensein der Ehepartner ist keine Arbeit, sondern Vergnügen, ist nicht zielorientiert, sondern dient der gegenseitigen Beglückung; beinhaltet keine Arbeitsteilung im Schlafzimmer (der Mann ergreift die Initiative und die Frau fügt sich); ist keine Aufgabe, sondern ein freies, schönes Spiel.

In einem solchen Klima wird ein Mann keine Impotenzprobleme haben.

3. Schritt: Bauen Sie zunächst Ihre Depressionen ab
Eines der Hauptsymptome bei schweren Depressionen ist der Verlust der sexuellen Genußfähigkeit. Zusammen mit Schlaflosigkeit und Appetitlosigkeit gehört das Nachlassen der Potenz zu den krankhaften Anzeichen der Depression.

Für den Seelsorger wie für den Betroffenen ist es daher unerläßlich, alle Formen der Depression zum Gespräch zu erheben. Therapeutische und seelsorgerliche Bemühungen bei sexuellen Störungen sind sogar unnütz, wenn nicht zuvor die Depression behandelt wird. Da das *Denken* des Depressiven stark von Ängsten und irrationalen Befürchtungen, aber auch von idealistischen Vorstellungen bestimmt wird, ist es unvermeidlich, daß auch die körperlich-sexuellen Beziehungen mit Befürchtungen blockiert werden. Depressive fühlen sich als Versager, glauben an allem schuld zu ein und machen sich die heftigsten Vorwürfe. In ihrer resignativen Gestimmtheit glauben sie nicht an den sexuellen Erfolg, schauen verzweifelt auf das Versagen und machen sich impotent.

Statt Leistungen bringen zu müssen, sollten sie sich fallen lassen, um bei dem Partner Wärme und Zuwendung zu erfahren. Der depressive Partner, der gehalten und getragen wird und die Nähe und Liebe seines Lebensgefährten spürt, der sich nicht beweisen und produzieren muß, wird auch nicht mit Impotenzgefühlen reagieren.

4. Schritt: Sprechen Sie mit Ihrer Frau über die Probleme!
Wer seine Impotenz vertuschen will, verstärkt sie. Schweigen ist keine Lösung für sexuelle Probleme. Wer schweigt, entzieht sich bewußt und unbewußt dem Intimverkehr. Er hat Angst vor Blamage. Außerdem will er seinen Partner nicht enttäuschen. Das Gespräch entlastet.

„Als ich es wollte verschweigen, da redeten meine Gebeine" (Ps. 32, 3).

Dieses Wort des Psalmisten gilt auch für den ehelichen Umgang. Der Betroffene redet mit seinem Partner über seine sexuellen Ängste, über seine Hemmungen und Enttäuschungen. Die Partnerin versteht plötzlich den sexuellen Rückzug, das Ausweichen vor Intimitäten. Sie fühlt sich nicht mehr abgelehnt und versucht, den Partner mit seinen Ängsten ernst zu nehmen. Das gemeinsame Gespräch kann bedeuten:

– Der Geschlechtsverkehr ist nicht Mittelpunkt des Zusammenseins.
– Beide Partner lassen sich ganz auf die Akte sinnlichen Empfindens ein.
– Sie genießen den Augenblick und denken weder an Vergangenes noch an ein Belastendes oder Zukünftiges.
– Sie verzichten vorerst auf den Geschlechtsverkehr.

Dieser *Verzicht* auf den Geschlechtsverkehr für einige Monate hilft dem Impotenten, den Gedanken an Erektionsschwäche und Versagen loszulassen. Wer das Problem mit guten Gründen beiseite stellen kann, hat in der Regel das Problem überwunden. Wer das Problem vergessen kann, wer sich vergessen und loslassen kann, wer es aufgibt, einem Ziel nachzujagen, und das gegenseitige Kennenlernen, Zärtlichkeit, Nähe und Wohlbefinden in den Mittelpunkt stellt, wird bald seine Impotenz überwunden haben.

5. Schritt: Denken Sie an etwas anderes!
Es gibt eine schöne und bemerkenswerte Geschichte. Ein König kommt zu einem Zauberer und fragt ihn, ob er bei ihm das Zaubern lernen könne. Der Zauberer sagt: „Nichts ist einfacher als das!" Und er gibt dem König eine kleine, aber schwer zu erfüllende Aufgabe mit auf dem Weg: „Du kannst zaubern, wenn du niemals an Krokodile denkst!"

Was tut der König? Er bemüht sich ständig, *nicht* an Krokodile zu denken. Und der Erfolg? Er beschäftigt sich unaufhörlich mit diesen Tieren.

In der Psychotherapie bezeichnet man diese übersteigerte Selbstbeobachtung mit *Hyperreflektion*. Die sexuelle Hyperreflektion ist die ungesunde Über-Beobachtung der Sexualfunktion, die beim Mann zur Impotenz führen kann. Um sie abzubauen und zu vermeiden, wendet man die *De-Reflexion* an. Sie beinhaltet eine Ablenkung, der Betroffene soll an etwas anderes denken. Es geht darum, die Aufmerksamkeit vom Symptom abzulösen und auf einen anderen Denkinhalt zu richten. Der Liebende, der sich dem Partner völlig preisgibt, der sich weggibt und vergißt, ist *nicht* mit seiner Erektion oder seinem Orgasmus beschäftigt, sondern er ist beim Du. Ein gleichzeitiges Koitusverbot unterstützt die De-Reflexion enorm. Das Verbot, intim zu werden, nimmt dem Impotenten die Angst. Er muß nicht *krampfhaft* an den Orgasmus denken, den er zu leisten hat. Die Logotherapeutin Elisabeth Lukas bezeichnet den Prozeß so:

„Das Sich-selbst-vergessen-Können in dieser Zweisamkeit hebt die neurotische Blockade auf, der Körper reagiert wieder relativ unbeobachtet und daher automatisch adäquat, die Erektion läßt sich in zärtlichen Stunden beim männlichen, gesunden Organismus kaum verhindern. Patienten, die so angeleitet wurden, kommen mitunter beschämt zur nächsten Therapiestunde und ‚beichten‘, daß sie sich nicht mehr beherrschen konnten und es doch zum Koitus gekommen sei, was praktisch gleichbedeutend ist mit der Heilung ihrer psychogenen Impotenz." (Elisabeth Lukas, Auch dein Leiden hat Sinn, Freiburg, 1980, S. 170.)

6. Schritt: Klären Sie mit dem Seelsorger, wovor Sie fliehen!
Impotenz *kann* auch ein Fluchtverhalten sein. Wir haben unter anderem festgestellt:
– Impotenz kann Mittel zum Zweck sein.
– Impotenz kann als Flucht vor Lebensaufgaben benutzt werden.
– Impotenz kann ein Symptom sein, um sich vor dem Partner zu distanzieren.

Dieses Rückzugs- und Distanzierungsverhalten sollte mit einem erfahrenen Eheberater besprochen werden. Der Betroffene ist oft nicht in der Lage, die Motive zu durchschauen. Die Neurose ist ein „Kunstwerk", wie Adler zu sagen pflegte. Der Mensch entwirft und benutzt sie, um sich zu schützen. Folgende Fragen sind hilfreich:
Was drückt der Impotente mit seiner Ohnmacht aus?
Was will der Impotente dem Partner mit seiner Machtlosigkeit sagen?
Wie sieht der Schutz aus, den sich der Impotente erhofft?
Handelt es sich bei dem Symptom um ein verstecktes Überlegenheitsstreben?
Benutzt der Impotente es womöglich als Macht- und Rachestreben?

Die Bibel hat schon recht, wenn sie formuliert: „Aus dem Herzen kommen böse Gedanken . . ." (Matth. 15, 19).

Die Impotenz kann zu einer brauchbaren Ausrede werden. Auch impotente Christen fördern nicht bewußt „böse Gedanken" aus dem Herzen ans Tageslicht. Sie glauben an ihre Begründung und ahnen nicht, wie sie sich selbst und den Partner belügen.

Was ist der Sinn der körperlichen Beziehung zwischen Mann und Frau?
Was ist der Sinn des Geschlechtslebens?
Er ist Ausdruck der leib-geist-seelischen Verbundenheit der Menschen, die sich lieben.
– Sie gehören sich mit Leib und Seele.
– Sie vertrauen sich mit ihrer gesamten Existenz.
– Sie pflegen einen ganzheitlichen Austausch.

Das Liebesleben ist kein Genußmittel

Der Geschlechtsverkehr ist *Ausdruck* einer völligen Verbundenheit.
Der Geschlechtsverkehr ist kein *Genußmittel* – in erster Linie.
Der Geschlechtsverkehr ist kein *Mittel zum Zweck* – in erster Linie.
Der Geschlechtsverkehr ist kein *Wille zur Lust,* wie Viktor E. Frankl gesagt hat.
Der Geschlechtsverkehr ist *mehr* als Arterhaltung.
Der Geschlechtsverkehr ist *mehr* als Triebbefriedigung.
Der Geschlechtsverkehr ist *mehr* als Lustbefriedigung.
  Nochmal, jede Verabsolutierung tötet die sexuelle Harmonie. Jede Reduktion des Geschlechtsverkehrs auf Lustbefriedigung, Kinderzeugung und Genuß ist eine Verkehrung der Schöpfungsordnung Gottes. Die Partnerbeziehung trägt die Folgen. Die Orgasmusfähigkeit wird untergraben. Der Wunsch, einander zu gehören, nimmt ab. Frankl hat in seiner präzisen und treffsicheren Art das Ganze formuliert: „Wer Lust anstrebt, dem vergeht sie."
Warum? Geschlechtsverkehr ist *Liebeserfüllung,* Ausdruck *ganzheitlicher Verbundenheit* und *völliger Hingabe.*

Der Kampf um die Lust ist Krampf

Viele Frauen und Männer kommen in die Beratung und die Seelsorge. Sie leiden an sexuellen Störungen, die sexuelle Harmonie ist abhanden gekommen. Woran kranken sie wirklich? Zwei Möglichkeiten: Entweder haben sie sich zu sehr auf *Lust konzentriert,* oder sie denken ständig über ihre Sexualstörungen nach.

Was ist daran falsch?
1. Lust kann man nicht anstreben
Lust ist ein *Begleitphänomen,*
ein zusätzliches *Geschenk,*
die *Folge* von völliger Hingabe,
die *Wirkung* von seelischer und geistiger Harmonie.
Frankl hat diesen Tatbestand folgerichtig beschrieben:
„Lust kann eigentlich nur im Sinne eines Effektes zustande kommen, von selbst, eben ohne intendiert worden zu sein. Im Gegenteil, je mehr es einem um die Lust geht, um so mehr vergeht sie einem schon. Das Lustprinzip, konsequent durchgehalten, scheitert an sich selbst, einfach deshalb, weil es sich selbst im Wege steht. Je intensiver wir etwas herbeisehnen, um so mehr verfehlen wir es auch schon." (Viktor E. Frankl, Das Menschenbild der Seelenheilkunde, Stuttgart, 1959, S. 35.)

Der Kampf um die Lust ist Krampf, ruft Verspannungen hervor und ist ein Widerspruch in sich. Wer die Lust *zwingen* will, wird sie verfehlen, und wer um die Lust *kämpft,* verliert sie.

2. Die Erwartungsangst tötet die Lust
Frau A. möchte ein „heikles Thema" ansprechen, wie sie sagt. „Bei mir klappt es mit der Sexualität nicht. Ich habe mir schon den Kopf zerbrochen, woran es bei mir liegt. Immer wenn mein Mann und ich zusammenkommen, lodert in mir die Angst auf. Wird es diesmal richtig klappen? Wirst du deinen Mann auch nicht enttäuschen? Ich gebe mir soviel Mühe, aber der Orgasmus bleibt aus."

Was drücken diese wenigen Sätze der Frau aus?
– Sie *schaut auf sich.* Sie zerbricht sich den Kopf, sie beobachtet *ihre*

Sexualität. Sie *grübelt* über die sexuelle Harmonie und schon wird sie zergrübelt, durch Gedanken, Sorgen und Ängste wird die sexuelle Harmonie vernichtet. Sie ist mit dem *Gelingen* beschäftigt, mit den Fragen, ob es klappt, statt sich fallen zu lassen und dem Austausch gegenseitiger Gefühle und Gedanken Raum zu geben.

– Sie *will* etwas. Der *Wille,* es soll und muß klappen, zerstört die Harmonie. Harmonie ist Ausfluß einer gegenseitigen Übereinstimmung. Sexuelles Glück ist aber die *Folge* gegenseitiger Erfüllung.

– Sie *will* den Mann nicht enttäuschen. Was tut die Frau? Sie macht aus der schönsten und heiligsten Sache der Welt ein Problem. Und wie heißt der Lehrsatz? „Erhebst du ein Problem zum Problem, bekommst du ein Problem."

Die Frau ist vom Problem *fasziniert.* Das Problem frißt sie auf. Das Problem hindert sie, sexuelles Glück zu empfinden. Statt sich dem Eigentlichen auszuliefern, ist sie mit Schwierigkeiten beschäftigt.

– Sie *erwartet* das Versagen. Erwartungsängste lähmen, blockieren und zerstören jede Harmonie. Wer sich mit Versagen beschäftigt, mit dem beschäftigt sich das Versagen.

Die *Blickrichtung* ist falsch, die *Gedanken* sind unangebracht und die *Gefühle* sind auf Abwegen.

Die Erwartungsangst ist ein gefährlicher Mechanismus, der in Seelsorge und Beratung eine große Rolle spielt. Was geschieht?

– Ein harmloses, flüchtiges Symptom erzeugt im Ratsuchenden die phobische (Phobie: krankhafte Angst) Befürchtung seiner Wiederkehr.

– Die Erwartungsangst verstärkt sofort die Symptome, und das Symptom (mangelnde Lust) bestätigt dem Ratsuchenden, daß seine Erwartungsangst berechtigt ist.

– Der Teufelskreis ist geschlossen. Der Ratsuchende sitzt in der Falle. Die Erwartungsangst hat das Symptom verfestigt.

DAS ERSTE KIND HAT DAS SEXUELLE BEGEHREN VERTRIEBEN

Frau Lange sitzt betrübt in der Beratungspraxis. Sie hat ihr Kind, das inzwischen ein halbes Jahr alt ist, auf dem Schoß. Das Verhältnis zum Kind ist wunderbar. Sie strahlt es an, hebt es hoch und macht im Grunde einen zufriedenen Eindruck.

Mit dem Kind ist sie glücklich. Hier findet sie ihre Erfüllung. Nur das Sexuelle stimmt nicht mehr – seit Markus die Eheleute zu Eltern gemacht hat. Vorher war das Sexuelle leidlich gut, zufriedenstellend war es nie. Der Mann hat sie geschickt. Er leidet daran, daß sexuell alles tot ist, wie er ihr vorgeworfen hat.

Vor der Schwangerschaft waren die beiden viel unterwegs. Beide spielten Tennis, hatten viele Freunde und waren selten zu Hause. Das Zusammensein mit anderen war ihr Lebenselexier, wie die Frau sagte. Sie brauchte das. Sie war unglücklich, wenn nicht Trubel, Jubel, Heiterkeit herrschten. Allein hielt sie es zu Hause nicht aus. Der Mann schlich dann um sie herum, faßte sie hier und dort an und war ständig bereit, mit ihr zu schlafen. Sie floh aus dem Haus in irgendwelche Aktivitäten, hinein in eine oberflächliche Gemeinschaft.

Und das änderte sich schlagartig, als das Baby da war. Frau Lange wurde über Nacht häuslich. Der Trubel mit Freunden und Bekannten hing ihr plötzlich zum Hals heraus. Das Kind wurde zum Mittelpunkt ihres Lebens. Der Mann fühlte sich beiseitegestellt und reagierte eifersüchtig.

„Das Sexuelle ist überhaupt kein Thema für mich. Aber ist es denn nicht normal, für ein kleines hilfloses Baby voll da zu sein?"

Die Frau stand auf, wenn das Baby schrie, sie wechselte die Windeln, sie ließ sich keinen Handgriff für das Kind aus der Hand nehmen. Sie legte das Kind an die Brust und genoß die Wärme des Säuglings. Inzwischen wurde sie dicker, legte etwa zwanzig Pfund zu und machte auch keine Anstrengungen, sie wieder abzuhungern.

Frau Lange ist im Grunde glücklich, wenn nicht die Sache mit dem Geschlechtsvekehr wäre, auf den der Mann nicht verzichten will.

Was ist hier geschehen?

1. Frau Lange hatte sich das Kind sehnlichst gewünscht, ohne zu wissen, was sie wirklich mit dem Kinderwunsch ausdrückte. Ihr Mann hatte die Zeit der Ehe ohne Kinder genießen wollen. Nur widerwillig war er mit ihr ständig zu Freunden und Bekannten gefahren, um „was loszumachen", wie seine Frau es nannte. Das Kind hatte für Frau Lange eine ausgesprochene Alibi-Funktion. Sie brauchte eine Aufgabe, einen Lebensinhalt, der sie mehr forderte als ihr Mann.

2. Die ständigen Parties, Ausflüge mit Freunden und Bekannten und Wochenendunternehmungen waren wie eine Flucht vor der Ehe. Das Alleinsein mit ihrem Mann machte ihr Angst. Sie fühlte sich ihm unterlegen, fühlte sich ihm verbal nicht gewachsen und entwickelte Unzulänglichkeitsgefühle. Sie floh ins Vergnügen, ohne sich und den Partner ernsthaft zu fragen, was beide vermißten. Die Flucht in den Zeitvertreib beinhaltet eine Verdrängung von zwischenmenschlichen Problemen, die nur beide Partner in Angriff nehmen können.

3. Frau Lange war dick geworden. Sie schämte sich, wenn sie nackt vor dem Spiegel stand. Gleichzeitig war sie nicht bereit, abzunehmen und sich beim Essen in acht zu nehmen. In der Beratung wurde deutlich, sie wollte insgeheim auch nicht. Sie floh vor sexuellen Annäherungen ihres Mannes. Das Kind wurde zum Glücksbringer und Zentrum ihres Wohlbefindens. Ihre sexuelle Abwehr wurde so extrem, daß sie Angst vor Küssen und Liebkosungen hatte. Sie fürchtete, daß ihr Mann mehr wollte. Gleichzeitig steigerte die Erwartungsangst, es könnte zu intimen Kontakten kommen, ihre sexuelle Abwehr. Frau Lange steckte in einem Teufelskreis.

4. Herr Lange spielte seiner Frau perfekt in die Hände. Er wurde zunehmend aggressiver und unleidlicher, schimpfte über ihre Figur, über das schreiende Baby, fühlte sich völlig im Stich gelassen und wurde immer einsamer. Von Hause aus nach innen gekehrt und wenig zugewandt hatte er in seiner jungen Frau einen Menschen erlebt, der ihn aus der Isolierung befreite, ihn zu Festen und Feiern mitschleppte und ihm die Menschen aufschloß. Sein

Schmollen kam ihr entgegen, sie hatte eine passende Entschuldigung – das Kind.

Durch das Kind ergibt sich eine neue Konstellation. Aus Eheleuten sind Eltern geworden, aus der Ehe hat sich eine Familie entwickelt. Drei Menschen haben Bedürfnisse, die sie gegenseitig befriedigen müssen. Mann und Frau müssen diesen neuen Lebensabschnitt bewältigen und müssen ihre gegenseitigen Wünsche und Bedürfnisse zum Gespräch erheben.

Richtig ist, daß in der Stillzeit die Frau vermehrt Prolaktin erzeugt, das die sexuelle Aktivität dämpft aber nicht abtötet.

Sexuelle Abneigung ist ein Partnerproblem, kein Problem des Kindes. Sexuelle Abneigung ist eine zwischenmenschliche Störung und keine Störung durch ein neugeborenes Baby.

Ehepartner, die sich ihren inneren Konflikten nicht stellen, versuchen auf vielfache Weise den Problemen zu entkommen.

Sie können sie *verdrängen, überspielen,* vor ihnen *fliehen,* durch Überaktivität *zudecken* und sie *somatisieren* und in den Körper verlegen. Im Bereich des Sexuellen, einem hochsensiblen Gebiet des partnerschaftlichen Zusammenlebens, werden die Konflikte offenbar.

UNTREUE UND SEXUELLE KONFLIKTE

Sie kennen die berühmte Frage: Was war zuerst da, das Ei oder die Henne. Was ist zuerst da, die Untreue, die sexuelle Konflikte nach sich zieht, oder die sexuellen Konflikte, die Untreue nach sich ziehen?

Beides ist möglich. Und doch ist Treulosigkeit das Hauptmotiv für die sexuelle Dissonanz. Liebe ohne Treue ist wie ein Baum ohne Blätter. Treue ist nicht selbstverständlich. Treue ist kein Gefühl, das wir automatisch mit Liebesgefühlen im Körper produzieren. Treu sein können ist keine angeborene Fähigkeit, kein „Talent", über das wir mühelos verfügen können. Treue ist eine Haltung, eine Gesinnung, ein Versprechen, das zwei Menschen sich geben, um ein Leben lang beieinander zu bleiben. Darum bleibt die Treue eine lebenslange Aufgabe, die keinem Menschen in den Schoß fällt. „Treu wie Gold", sagt man von einem Menschen, der zu der Aufgabe steht, die man ihm aufgetragen hat. Treu sein heißt: Ich bleibe bei dir. Ich halte bei dir aus. Du kannst mir trauen, was auch immer geschieht.

Untreue auf Samtpfoten

Ich spreche in einem christlichen Jugendkreis über das Thema: „Zwischen Kuß und Ehe."

Wir kommen auch auf Untreue zu sprechen.

„Was ist Untreue?

Und wie in einem Chor schallt es mir entgegen: „Wenn man fremdgeht, wenn man sich einem anderen Menschen in Liebe zuwendet, wenn man sexuell mit einem anderen Partner verkehrt."

Das ist richtig. Aber muß sich Untreue immer in so plumper Aufmachung produzieren? Gibt es nicht viel feinere und gefährlichere Formen?

– Untreue, die sich als Egoismus tarnt.

– Untreue, die auf andere Menschen (Schwiegermutter, Mutter) zuviel falsche Rücksicht nimmt, die dem eigenen Lebenspartner in den Rücken fällt.

— Untreue, die sich in übertriebenem Ehrgeiz äußert, und zwar in beruflicher, moralischer und religiöser Hinsicht;
— Untreue, die den Partner vernachlässigt und viele andere Dinge wichtiger nimmt als den Lebensgefährten. Hier wird deutlich, daß sich Untreue auf Samtpfoten in die Ehe einschleicht. Kein plumper Fehltritt und kein sexuelles Vergehen. Wer seinen Ehepartner vernachlässigt, wer seinen egoistischen Zielen nachjagt und wer seiner beruflichen Karriere Platz Nr. 1 einräumt, ist untreu. Er liebt sein Ich und nicht den Partner, er liebt sich und nicht das Wir, er hat sein Leben im Auge und nicht die Ehe. Egoismus ist eine Form der Untreue. Denn in der Ehe steht das *Wir* im Vordergrund. Selbstverwirklichung am andern vorbei ist eine Zielverfehlung, ist Sünde.

Ist der Seitensprung unverzeihlich?

Nach Schätzungen von Eheberatern werden ständige oder längere Affären in 15 bis 20 Prozent aller Ehen zu einem Problem.

Es ist nicht wahr, daß die meisten Eheleute – besonders die Männer – gern mit dem Feuer spielen. Der Seitensprung ist nicht unvermeidlich und gehört schon gar nicht zum „guten Ton".

Und wenn der Seitensprung geschehen ist? Das Gespräch zwischen den Lebenspartnern ist der richtige Weg. Wenn in der Ehe ein Gefühl der Zusammengehörigkeit besteht, merkt der Partner ziemlich bald, daß etwas nicht stimmt. Darunter leidet ein auf Vertrauen aufgebautes Verhältnis. Die Entfremdung führt zu Angst, Unsicherheit oder Feindseligkeit. Mit Tatsachen kann man besser fertigwerden als mit Phantasievorstellungen. Auch der Partner, der von dem Seitensprung seines Partners weiß, tut gut daran, den Ehebruch anzusprechen und nicht überlegen und rachsüchtig zu schweigen. Das Aussprechen des Fehltritts hilft unter anderem, sich zu beherrschen und nicht leichtfertig in neue Abenteuer zu geraten. War der Seitensprung ernster Natur, empfiehlt es sich, einen Berater aufzusuchen. Risse in der Zweiergemeinschaft, versteckte Aggressionen und tiefgreifende

Unzufriedenheit rufen unter Umständen immer neue Seitensprünge hervor. Unausgesprochene Rachegedanken sind ein beliebter Treibstoff für ehebrecherisches Verhalten. Auch hier wird deutlich: Offenheit und Ehrlichkeit voreinander sind konkrete Schritte, dünne und dicke Barrieren zwischen den Partnern aus dem Wege zu räumen.

Wer einen Seitensprung nicht verzeihen kann, wer sich in seiner Ehre zutiefst gekränkt fühlt und wer das Eheglück als zerschmettert ansieht, tut gut daran, mit seinem Seelsorger oder Berater über seine Lebensvorstellungen nachzudenken. Krisen sind Lebenshilfen und Reifungshilfen. Krisen in der Ehe sind keine Katastrophen. Krisen wirken wie ein Schock, sind aber eine gute Herausforderung, ehrlich und aufrichtig untereinander über Wünsche, Bedürfnisse und unausgesprochene Sehnsüchte zu diskutieren.

Ursachen der Untreue

Ein wahres Wort hat Theodor Bovet über Untreue und Ehebruch geschrieben:

„Ehebruch setzt immer eine brüchige Stelle in der Ehe voraus."

Zwei Menschen, die glücklich, zufrieden und harmonisch zusammen leben, werden sich kaum zu ernsthafter Untreue hinreißen lassen. Sie haben es nicht nötig, ihre Blicke, Begierden und Wünsche auf andere Partner zu richten. Sie können in Versuchung geraten und einem Seitensprung anheimfallen, den ich nicht bagatellisieren möchte – aber sie können in ihrer Liebe zu dem eigenen Partner nicht grundsätzlich irregemacht werden.

Wesentlich anders sieht es mit den Partnern aus, die unzufrieden mit sich und der Ehe sind. Die Liebeseinheit ist gestört, die Partnerschaft ist locker geworden. Die Treue wird angezweifelt, und das Miteinander ist zu einem Nebeneinander geworden. Und wie können die Ursachen konkret lauten? Die Eheberatung bietet viele Beispiele an. Einige möchte ich nennen:

– Ein Partner ist *enttäuscht* vom anderen. Er hat selbst zu hohe Erwartungen an die Ehe gehabt. Seine Vorstellungen waren unrealistisch und kindlich. Er ist ständig auf der Suche nach dem idealen Lebenspartner.

- Zwei Menschen sind extrem *gegensätzlich*. Beide haben eine Ergänzung gesucht. Aber die Gegensätze werden zu gefährlichen Reibungspunkten. Sie streiten sich mehr, als daß sie sich beglücken.
- Ein Partner lebt *sexuell unbefriedigt*. Die Hingabe ist blockiert. Angst, vereinnahmt, unterjocht, beherrscht oder ausgenutzt zu werden, hemmen die sexuelle Harmonie. Einer bricht aus und sucht die Erfüllung bei anderen Partnern.
- Zwei Eheleute *kämpfen* miteinander. Jeder will recht haben und recht behalten. Der Kampf kann auf vielen Ebenen geführt werden: ums Geld, um die Kinder, um die richtige Kindererziehung, um den rechten Glauben und um tägliche Entscheidungen. Schließlich geht ein Ehepartner fremd und kämpft auf diese Weise gegen seinen Partner.
- Zwei Partner *haben sich nichts mehr zu sagen*. Ihre Kommunikation ist auf dem Nullpunkt. Vielleicht fanden sie sich äußerlich attraktiv, stimmten aber seelisch und geistig wenig überein. Langeweile in der Ehe ist ein beliebter Grund, auszubrechen.

Es gibt unzählige Gründe, die Untreue fördern und Ehebruch herausfordern. Müssen diese Ehestörungen und Konflikte zum Ehebruch, zur Untreue und möglicherweise zum endgültigen Bruch führen? Nein. Wenn beide wollen, wenn beide therapeutische und fachliche Hilfe in Anspruch nehmen, kann der Konflikt gelöst werden. Wer Störungen allerdings als Alibi benutzt, um auszubrechen und nun den leichtesten Weg beschreitet, es mit einem Dritten zu versuchen, der hat vermutlich dem anderen niemals die Treue versprochen. Er sieht in erster Linie sich und sein Glück und nicht das *Wir* der Ehe.

Treue kostet Arbeit

„Wie der Verlust eines geliebten Menschen nicht mit Selbstmitleid, sondern mit ‚Trauerarbeit' durchlitten werden muß, so kann das Gelöbnis der Treue nur durchhalten, wer ‚treue-Arbeit' leistet, wenn der Ernstfall eintritt, wenn etwa der geliebte Partner erkrankt oder durch einen Unfall zum Krüppel wird", schreibt der Bochumer Eheberater Alfred Ziegner. Gemütserkrankungen, Körperstörungen und -verunstaltungen, seelische und charakterliche Veränderungen können die Treue eines Menschen auf eine harte Probe stellen. Der Zuckerguß der Verliebtheit schmilzt unter der Hand davon. Treue ist die seelische Kraft, mit der wir uns von Tag zu Tag, von Situation zu Situation neu füreinander entscheiden. Ohne dieses Wagnis, ohne die Bereitschaft zum Opfer kann weder die Liebe zum Partner noch das Vertrauen zu Gott bestehen.

Wer dem anderen sich anvertraut, wer dem anderen rückhaltlos vertraut, schenkt Treue und läßt gegenseitige Treue wachsen. Wer Treue investiert und lebt, schenkt Geborgenheit, schenkt Heimatgefühl, untermauert das Zusammengehörigkeitsgefühl und vermittelt Verläßlichkeit. Die Treue ist mehr als ein lästiges Anhängsel der Liebe. Eine runde und umfassende Liebe kann auf Treue nicht verzichten.

Seelsorgerliche Hilfen

1. Schritt: Vor der Vergebung werden die Motive der Untreue geklärt
Untreue überfällt uns nicht wie ein Regenschauer. Untreue, vor allem wenn sie über eine längere Zeit lief, verkörpert einen Riß in der *Eheperson.* Die Eheperson charakterisiert die Einheit von Mann und Frau. Untreue hat eine Vorgeschichte. „Der Wunsch ist der Vater des Gedankens!" sagt ein Sprichwort.
Welche unerfüllten Wünsche hegte der Untreue vor der Tat?
Welche Unzufriedenheit empfanden beide im Hinblick auf ihre Ehe?
Welche Bedürfnisse wurden nicht befriedigt?
Welche Erwartungen – realistische und unrealistische – blieben unausgesprochen?
Welche Schwierigkeiten wurden verleugnet?
Welche Verletzungen wurden totgeschwiegen?

Vergebung ohne Klärung der Motive ist in der Regel Symptomkosmetik. Beide geben sich Mühe, einen Neuanfang zu machen, aber die alten Risse werden nur oberflächlich verklebt. Es ist wie bei einem alten Auto, das lediglich neu gespritzt wurde. Die Oberfläche glänzt, aber der Rost frißt weiter. Der „Rostfraß" sitzt tiefer.

2. Schritt: Der Untreue muß sich vergeben können

Selbstvergebung setzt allerdings die Vergebung Gottes voraus. Ohne Schuldbekenntnis vor Gott und dem Partner ist die Selbstvergebung ein Selbstbetrug.

Aber auch die *Selbstvergebung* ist eine geistliche und menschliche Voraussetzung, um die Beziehung der Eheleute wieder auf eine gleichwertige Ebene zu bringen.

„Wenn wir unsere Sünden bekennen, ist er treu und gerecht; er vergibt uns die Sünden und reinigt uns von allem Unrecht" (1. Joh. 1, 9). Was heißt das für die Ehegemeinschaft?
– Das Unrecht steht nicht mehr zwischen beiden.
– Das Selbstwertgefühl des Untreuen ist wieder im Lot.
– Der Untreue ist rein, er kann selbstbewußt und frei seinem Partner in die Augen schauen.
Sündenvergebung ist immer auch ein fundamentales zwischenmenschliches Ereignis.

3. Schritt: Der Betrogene muß dem Untreuen vergeben

Eheliche Untreue ist ein schwerer Vertrauensbruch. Der Betrogene hat es schwer, seinem Partner zu vergeben. Schmerz und Haß können seine Vergebungsbereitschaft einschränken. Oder er vergibt mit dem *Mund,* aber nicht mit dem Herzen. Nicht wenige Ehen zerbrechen, weil der Betrogene nicht vergeben kann. Ihm fällt es auch schwer, zu vergessen.

Nachtragen und Nachempfindlichkeit sind destruktive Verhaltensmuster. Der Betrogene muß sich fragen, wenn er dem Untreuen nicht ganz vergeben kann: Was will er bewußt oder unbewußt mit seinem Verhalten bezwecken?
Er *trägt nach,* um dem Partner die Schuld wachzuhalten.
Er *bestraft* den Partner mit Nachempfindlichkeit.
Er *erinnert* den Partner ständig an seinen Vertrauensbruch.
Er *benutzt* die Vorhaltungen, um den andern aufzufordern, den Fehltritt wiedergutzumachen.

Unser Herr lehrt, daß wir dem Ehepartner seine Sünden vergeben müssen. „Denn wenn ihr den Menschen ihre Verfehlungen vergebt, dann wird euer himmlischer Vater euch auch vergeben. Wenn ihr aber den Menschen nicht vergebt, dann wird euch euer himmlischer Vater eure Verfehlungen auch nicht vergeben" (Matth. 6, 14–15).

Vergebung, die aus reinem Herzen gewährt und angenommen wird, schafft intakte Beziehungen.

Innere Vorbehalte bauen Mauern auf, legen den Keim für neue Schwierigkeiten und blockieren die körperlich-sexuelle Gemeinschaft. So lange die Sehnsucht nach Austausch sexueller Zärtlichkeiten ausbleibt, sind die Herzen verstockt. Die Vergebung hat der Ehe einen Scheinfrieden beschert.

Ehekampfspiele sind beliebte Umgangsmuster. Schon daß sie so häufig vorkommen, macht deutlich: Die Eheleute *brauchen* sie, *benutzen* sie und *arrangieren* sie.

Wo gekämpft wird, bleibt die sexuell-körperliche Harmonie auf der Strecke. Denn Kampf und Harmonie schließen einander aus. Wer kämpft, will Sieg und keinen Frieden. Wer kämpft, will Abwehr und keine Übereinstimmung. Wer kämpft, will Unterwerfung und keine Gleichwertigkeit.

Die körperlich-sexuellen Beziehungen verlangen aber inneren und äußeren Frieden.

Die *Gedanken* müssen auf Wohlwollen programmiert sein, die *Gefühle* müssen auf Liebe eingestimmt werden, und die *Körper* dürfen nicht durch friedlose Gedanken und lieblose Gefühle verunsichert werden.

Machtkämpfe im kleinen und im großen, in der Familie, in der Ehe, im Gesellschaftlichen oder in der Beziehung der Völker untereinander sind so entscheidend, daß ihre Entstehung, Entwicklung und ihr Abbau pädagogisch und psychologisch und geistlich genauestens durchdacht und erforscht werden sollten. Kämpfe, Kriege und aggressive Aktionen sind keine Zufälle, kein angeborenes Verhalten, sondern das Ergebnis falsch verarbeiteter psychosozialer Prozesse. Gewalttätiges Verhalten ist kein angeborener Trieb. Gewalt, Aggressivität, Kämpfe und Streit sind *Mittel zum Zweck*. Der Mensch *benutzt* diese Handlungsweisen als Werkzeuge. Sie werden im Dienste der persönlichen Zielsetzung verwandt. Kampfspiele und Ehekampfspiele sind Formen der Auseinandersetzung. Jeder glaubt, durch Kriegsspiele besser zum Zuge zu kommen. Machtkämpfe spiegeln den individuellen Lebensstil beider Partner wider.

1. Der Kampfcharakter in der Liebe
Wie sehr Macht und Krieg in der partnerschaftlichen Liebe eine Rolle spielen, machen Ausdrücke deutlich, die wir tagtäglich benutzen.

Unverstanden geben wir preis, was wir denken und wie wir uns die Liebe und ihre Beziehungen vorstellen. Wir sagen:

– Die Frau muß *erobert* werden.
– Der Widerstand muß *gebrochen* werden.
– Die Frau ist eine *Festung.*
– Mann und Frau müssen *fertiggemacht* werden.
– Die Frau wird *umgelegt.*
– Mann und Frau *haben kapituliert.*
– Wir müssen uns *verteidigen.*
– Du *provozierst* mich.
– Er oder sie haben den Partner *kaputtgemacht.*
– Du willst immer *siegen.*

Die Ausdrücke, die wir mühelos vermehren können, sind ein Spiegelbild von Kampf und Krieg, der im Eheleben stattfindet.

2. Machtkampf und Ehekrieg sind „Spiele"

Der Begriff „Spiele" wurde von Eric Berne, einem amerikanischen Psychiater und Therapeuten, erfunden. Er versteht unter Spielen Ersatzformen für Intimerlebnisse. Kampf und Krieg sind für ihn Fehlformen der psychischen menschlichen Interaktion. Gleichzeitig geht er allerdings davon aus, daß diese sozialen Kontakte einen *Nutzwert* haben und einen Krankheitsgewinn für die Partner darstellen. Jeder verspricht sich einen *Vorteil* und zieht aus dem Kampfspiel, das er relativ unbewußt abwickelt, sein Kapital. Spiele haben also den Sinn, aus dem Schlagabtausch eine *Befriedigung* zu ziehen. Diese Nutzeffekte und Befriedigungen können verschiedenster Natur sein. Sie sind individuell verschieden. Machen wir uns an einem simplen Beispiel den Nutzwert solcher Spiele klar.

Frau Mayer versteht es meisterhaft, ihren Partner vor fremden Leuten bloßzustellen. Irgendeine Schwäche nimmt sie zum Anlaß und sticht hemmungslos zu. Der Partner ist so *getroffen* und betroffen, daß er nur kraftlos schweigen kann. Der „Schuß hat gesessen". Frau Mayer hat ihr Ziel erreicht.

3. Die Depression als Kampfarrangement

Eine Krankheit, die selbstverständlich unbewußt als Kampfmethode benutzt wird, ist die Depression. Es stimmt vermutlich, daß es keine seelischen Störungen gibt, unter der die Umgebung mehr leidet und auf deren Unwert hingewiesen wird. Der Depressive zeigt in der Regel eine starke Anhänglichkeit und Abhängigkeit und benutzt diese Eigenart auch, den Partner in Dienst zu stellen. Der Lebenspartner ist ganz zweifellos eingeengt, wird mit Hilfe des Leidens angebunden und im Haus festgehalten. Er muß sich um ihn kümmern und wird – ehe er sich's versieht – auf das Karussell des Depressiven, das sich leider nur allzu gern um sich selbst dreht, hinaufgezogen. In der Regel hat der depressive Charakter sich von Kind auf ängstlich und mutlos verhalten. Entweder wurde er verwöhnt oder zu streng und hart erzogen. So zeigen Depressive eine geringe Selbstachtung und enthalten einen unbändigen Liebeshunger. Von daher können sie auf der einen Seite bequem sein, auf der anderen Seite mit Riesenerwartungen und Riesenansprüchen an die Welt herangehen. Jetzt verhalten sie sich klein, hilflos, mißerfolgsorientiert und leiden unter ihrer Winzigkeit, einen Augenblick später zeigen sie die Zähne. Sie verstehen es zu klagen und anzuklagen. Ein wichtiger Charakterzug der Depressiven ist der Trotz. Wenn man in liebloser oder verzärtelnder Atmosphäre aufgewachsen ist, lernt man zu „bocken". Der Trotz ist die Stärke des Schwachen. Wenn man nicht genug Liebe bekommt oder zu bekommen meint, kann man immerhin die Beziehungsperson ärgern. Beim Depressiven hat man oft den Eindruck, daß er sich in seine traurige Stimmung verbohrt und nicht locker läßt.

4. Kampf um die Kinder

Machtkampf kann Kampf um Kinder bedeuten. Viele Ehekonflikte entstehen durch eine falsche Ehe- und Familienauffassung, denn die Achse, um die sich alle Familienbeziehungen drehen, ist die Ehe. Ist die Achse in Ordnung, gibt es weniger Familienprobleme. Ist die Eheachse gestört, kann ein Tauziehen um die Kinder beginnen. Wie können sich solche Eheschwierigkeiten auswachsen?

– *Die Kinder werden zum Partnerersatz.*

In erster Linie ist es die Frau, die den Ehepartner vermißt und die Kinder mehr, als es gut ist, für sich beansprucht. Liebe, Zuwendung und der Austausch von Gedanken, die in erster Linie mit dem

Ehepartner gepflegt werden sollten, beansprucht sie von den Kindern. Und damit sind einige Fehler verbunden, die sich in der Sozialisation negativ bemerkbar machen.

– *Die Kinder werden überbeschützt.*

Ungewollt werden sie von der Mutter manipuliert. Eine zu große Beschützung macht sie unselbständig. Schwierigkeiten werden aus dem Wege geräumt. Die Mutter denkt für die Kinder und entmündigt sie. An die verschiedensten Lebensaufgaben gehen die Kinder nur zögernd heran.

– *Die Kinder werden zu Komplizen.*

In der Familienberatung kommen bei ehelichen Komplikationen in der Regel Komplizenschaft ans Tageslicht. Mütter paktieren mit einem Kind oder allen. Väter bemühen sich, ein Kind oder mehrere auf ihre Seite zu ziehen. Jeder Ehepartner benutzt seine Möglichkeiten, die Kinder für sich zu gewinnen. Der Mutter gelingt es mit Zuwendung, Zeit und Nachgiebigkeit, der Vater löst in der Regel die Probleme mit Geld. Er besticht die Kinder oder kauft sie sich.

– *Die Kinder werden zur Erpressung verführt.*

Die Kinder nutzen den Familienkrieg und schlagen auf ihre Weise Kapital aus dem Kampf. Vielleicht haben sie sogar erpresserische Methoden von den Eltern abgeschaut. Sie haben erlebt, wie die Ehepartner sich gegenseitig unter Druck setzten. Und da der Apfel bekanntlich nicht weit vom Stamm fällt, werden die Kinder gelehrige Schüler. Ein Kind erzählt dem Vater, was die Mutter heimlich gekauft hat, ein anderes berichtet brühwarm der Mutter, was der Vater angestellt hat. Kinder spielen ein Elternteil gegen das andere aus. Und diese Verhaltensmuster übertragen sie ins spätere Eheleben.

Wie können Eheleute den Machtkampf beenden?

Es gibt Kampfspiele und Kampfmethoden, die beide Partner in eigener Regie beenden können. Andere sind so schwer und tiefgreifend, daß sie nur mit Hilfe Dritter, also unter fachkundiger Anleitung, behoben werden können.

1. Verändern Sie nicht den anderen, sondern sich selbst!
Eheleute in der Beratung wissen sehr oft und gut, was *der andere*
falsch gemacht hat, was der *andere* für Fehler hat. Jede Veränderung
aber beginnt nicht beim anderen, sondern bei mir. Jede Revolution
setzt nicht in der Umwelt, sondern bei mir selbst an.
Ich kann meine Verhaltensweisen korrigieren,
meine Einstellungen ändern,
meine Reaktionen umstellen,
Buße tun,
mein Sinnen, Denken und Trachten verändern.

Und wenn ich mich ändere, kann der andere nicht bleiben, wie er ist.
Denn beide spielen immer perfekt zusammen.

2. Verwenden Sie viel Zeit darauf, die Bedürfnisse des anderen zu
verstehen!
Wer den Machtkampf abbauen will, muß die Bedürfnisse des Partners
ernst nehmen.

Er sollte mit den Ohren des anderen hören, mit den Augen des
anderen sehen und mit dem Herzen des anderen fühlen.

Das ist leichter gesagt als getan. Jeder, der sich in den anderen
hineinversetzt, wird die Bedürfnisse des anderen verstehen lernen.
Liebe ist, den anderen anhören, ernstnehmen und verstehen wollen.

Vor allem der anlehnungsbedürftige Partner macht den Fehler, daß
er vom anderen erwartet, er solle seine Bedürfnisse erraten, müsse
um seine Wünsche wissen und hätte die Pflicht, sich um seine
Kontaktbedürfnisse zu kümmern.

Diese Einstellung ist ein Fehlverhalten in der Partnerschaft. Der
Lebensgefährte kann die Gefühle und Empfindungen des anderen
nicht erraten. Er kann sie erfragen, aber er kann sie nicht wissen. Ich
muß für meine Bedürfnisse selbst einstehen. Wer sich nicht traut, dem
liebenden Menschen seine Wünsche zu offenbaren, kann folgende
Beweggründe widerspiegeln:

Er hat zu viele falsche Hemmungen eintrainiert, reagiert trotzig und
beleidigt und trägt dem Lebenspartner eine unterstellte Gleichgültigkeit nach.

In der Bergpredigt gibt Jesus Anleitung für einen kooperativen

Umgang mit dem Nächsten. Schlicht und unmißverständlich heißt es da:

„Behandelt die Menschen so, wie ihr selbst von ihnen behandelt werden wollt – das ist der Inhalt des Gesetzes und die Lehre der Propheten" (Matth. 7, 12).

3. Bejahen Sie, daß jeder für den Machtkampf verantwortlich ist

Eheliche Machtkämpfe werden durch den Irrglauben gefördert, daß das überwiegende menschliche Elend durch äußere Umstände oder durch den Lebenspartner verursacht wird. Mit diesem Irrglauben hat sich besonders der amerikanische Therapeut Albert Ellis beschäftigt. Er hält es für eine völlig unbegründete Annahme, daß das menschliche Unglück durch die Umstände und andere Menschen entsteht. Wörtlich heißt es bei ihm:

„In Wirklichkeit ist natürlich fast alles menschliche Unglück *selbst verschuldet* und resultiert aus lächerlichen Annahmen und internalisierten Sätzen . . . Ist ein verheirateter Mensch jedoch einmal davon überzeugt, daß sein eigenes Unglück äußere Ursachen habe, gibt er unweigerlich seinem Partner und dessen Verhalten die Schuld an seiner eigenen Misere; und schon ist der eheliche Zwist fertig." (Albert Ellis, Die rational-emotive Therapie, München 1977, S. 115.)

Zum Kampf gehören immer zwei. Einer, der sich irrige Ansichten über seinen Partner zu eigen gemacht hat, und ein zweiter, der darauf reinfällt und mit ebensolchen unsinnigen Antworten pariert. Ellis ist fest davon überzeugt, daß eine Neurose als „unintelligentes Verhalten eines intelligenten Menschen" definiert werden muß. Unintelligent sind aber alle selbstverschuldeten Partneranklagen, die automatisch vom anderen Ehepartner gekontert werden.

Die Gefühle sind *Werkzeuge* unseres Lebensstiles und unserer unverstandenen Zielsetzung. Wer die Absicht hat, auf Vorwürfe beleidigt zu reagieren, wird die entsprechenden Gefühle produzieren:

Er wird *sich ärgern, erregen, in Wut geraten,* die Stimme erheben und *losbrüllen, die Fäuste ballen* und sie notfalls in Betrieb nehmen. Er selbst – und niemand anderes – entscheidet über seine Möglichkeiten, über seine Gefühle und Reaktionen.

4. Versuchen Sie nicht, den Machtkampf durch Schweigen zu beenden

Viele Leute neigen dazu, Eheschwierigkeiten zu verleugnen, zu verdrängen, herunterzuspielen und unter den Teppich zu kehren. Selbst überzeugte und ehrliche Christen praktizieren dieses gefährliche Spiel. Sie wollen Frieden halten und decken unterschwellige Machtkämpfe zu. Vielleicht argumentieren sie:

„Wenn wir unsere Schwierigkeiten besprechen, wird der Streit nur größer."

„Man kann auch alles zerreden."

„Wer schweigt, gibt dem anderen keinen Anlaß für Streitigkeiten und Konflikte."

Sie glauben, ehrlich und christlich zu handeln. Allerdings übersehen sie, daß Konflikte nicht durch Schweigen und schwelende Machtkämpfe nicht durch Zudecken gelöst werden. Nachgiebigkeit aus Überzeugung ist gut, Nachgiebigkeit aus Schwäche und Angst vor Eskalation machen unglücklich. Das Schweigen kann eine gefährliche Waffe sein. Schweigen kann den Partner zur Verzweiflung bringen. Besonders der Liebebedürftige, der Depressive, der Abhängige empfindet das Schweigen als unmenschlichen Kampf und als harte Kampfansage. „Laß die Sonne nicht über deinem Zorn untergehen", sagt schon die Bibel in Epheser 4, 26. Durch Schweigen werden die Probleme nicht gelöst, sondern lediglich verlängert. Schweigen verschlimmert die Probleme. Der Prozeß wird nach innen verlagert, kann dem Menschen auf die Organe schlagen und kann die negativen Gefühle erheblich verstärken.

5. Bemühen Sie sich, Ich-Botschaften anstelle von Du-Botschaften auszusprechen

Du-Botschaften stempeln, wenn sie negativ formuliert sind, den Partner zum Sündenbock. Die Botschaften klingen wie Anklagen und Vorwürfe; treffen, verletzen und kränken.

„*Du* legst ein unmögliches Verhalten an den Tag!"

„*Du* bringst mich noch ins Grab, wenn du so weitermachst!"

„*Du* kannst es nicht lassen, mich dauernd zu verletzen!"

„*Du* treibst mich noch aus dem Hause!"

Der Partner lenkt von sich ab auf den anderen. Er sieht nur den Splitter im Auge des anderen, aber nicht den Balken im eigenen Auge. Er drückt sich vor der Verantwortung, ohne seinen Anteil des Konfliktes ernstzunehmen. Ich-Botschaften rufen weniger Widerstand hervor. Mit der Ich-Botschaft gibt der Ehepartner zu verstehen, daß er immer bei einem Konflikt mitbeteiligt ist. Zum Streiten gehören zwei. Nicht: „*Du* regst mich auf!", sondern „Ich bin erregt!"

Nicht: „Du bist eine Plage!", sondern „Ich fühle mich bedrückt."

Ich-Botschaften haben den unbestreitbaren Vorteil, daß sie nicht anklagen, daß sie den Partner weniger beschämen und weniger Widerstand hervorrufen. Ich-Botschaften motivieren auch den Partner, stärker zu überlegen, was beide besser machen können.

DAS UNVERGESSENE ERSTERLEBNIS

Bei jedem Leser ruft diese Überschrift vermutlich verschiedene Reaktionen hervor. Spontan erinnert sich der eine an sein erstes Liebeserlebnis mit einem Mädchen, das ihn im tiefsten Herzen bewegt hat. Vielleicht liegen einige Jahre dazwischen, aber er kann das Mädchen mit allen Einzelheiten beschreiben, kann seine Eigenarten, seine Stimme, seine Augen, Handbewegungen, Mundstellung und Haarfarbe benennen. Es hat einen sogenannten *unauslöschlichen* Eindruck auf ihn gemacht. In ihm wurden Saiten angerührt, die *unvergessen* zum Klingen gebracht wurden. Die Faszination dieser Person hat ihn überwältigt. Vielleicht nannte er's Liebe, vielleicht Berauschtsein, Ekstase oder Hin- und Hergerissensein.

Es lohnt sich, solchen unvergessenen Eindrücken nachzusinnen, haben sie doch mit an Sicherheit grenzender Wahrscheinlichkeit Nachwirkungen auf unser zukünftiges Leben. Die Eindrücke sind mehr als Gefühlsaufwallungen, die im Handumdrehen wieder vergessen sind. Vermutlich zeigen sie uns den Weg, den unsere Phantasie uns weist, den Weg, den unerkannte Wünsche und Absichten in uns ansteuern.

Sogenannte Prägungserlebnisse spielen in der Verhaltensforschung eine große Rolle. Beeindruckende Ersterfahrungen bei ganz jungen Tieren *prägen* in der Tat das Sozialverhalten und steuern unbewußt die Lebensabläufe des Tieres. Aber auch tiefgreifende Liebes-Ersterlebnisse zeigen nachhaltige Wirkungen. In der Beratungspraxis schildern uns Klienten, wie empfindlich sexuelle Körperkontakte durch negative Ersterlebnisse gestört werden können. Gibt es Charaktertypen, die dazu neigen, stärker als andere *nach-zutragen,* die intensiver als andere nicht vergessen können? Gibt es Persönlichkeitsstrukturen, die stärker als andere auf einen Menschen fixiert sind und die sich und andere in Schwierigkeiten bringen? Jeder von uns kennt Erlebnisse, Erfahrungen und Begebenheiten, die Erinnerungen an unvergessene „Erste" widerspiegeln. Diese „Ersten" müssen keine Menschen gewesen sein, Kinder, Vater, Mutter oder Großeltern, es kann sich auch um Ereignisse, um Gegenstände und Tiere handeln, die heimlich unseren Lebensweg begleiten. Ohne daß wir uns darüber klar sind, führen sie verborgen in unserem Leben Regie. Unsere Gefühle und Vorstellungen sind von ihnen beeinflußt, und wir lassen uns von ihnen leiten – mehr als uns lieb ist.

Die Schlüsselfunktion sexueller Ersterlebnisse

Sexuelle Ersterlebnisse haben nicht selten eine Schlüsselfunktion. Wir sprechen nicht umsonst von *unvergeßlichen* Ersterlebnissen. Sie wirken nach und programmieren unsere Vorstellungen und Annahmen. Sie öffnen den Weg für künftige positive Erfahrungen. Oder sie verschließen den Weg für weitere glückbringende Vereinigungen.

Ingrid und Werner sind ein Beispiel für die Wahrheit dieser Erfahrung. Sie kannten sich ein halbes Jahr. Ingrid hatte mit ihren 19 Jahren bisher keine sexuellen Beziehungen gepflegt. Werner war buchstäblich ihr erster Liebhaber. Beide trafen sich einige Male in der Woche, und Werner drängte, die letzte sexuelle Hürde zu nehmen. Ingrid, die fünf Jahre jünger als Werner war, sah die Beziehung von Anfang an mit skeptischen Augen. Sie hatte Bedenken, diesem Mann, der bereits eine gute Position bekleidete, zu genügen. Ihre Bedenken wurden zum Teil durch eine pessimistische Grundhaltung verstärkt. Auf eine letzte Hingabe war Ingrid noch nicht eingestellt. Die Kontakte verliefen erregend für sie, aber „das Letzte" war sie noch nicht bereit zu geben. Sie hatte weniger moralische Skrupel als Angst, Angst ein Kind zu bekommen, Angst, ob sie dem erfahrenen Mann genügen würde, Angst, wenn sie „es" der Mutter berichten mußte, und Angst, in Werners Auto von Freunden entdeckt zu werden. Es war Winter, und beide konnten sich nur draußen, aber nicht in ihren Wohnungen treffen. Beide wohnten noch bei ihren Eltern und hatten bisher keine Gelegenheit gehabt, eine ganze Nacht allein irgendwo zu verbringen. Bis jetzt konnte sie beruhigt sagen, daß es über Schmusen und Petting nicht hinausgegangen war. Ingrid war sich nicht immer im klaren, ob sie sich ihrem Freund ganz hingeben oder das Erlebnis einer totalen Vereinigung aufschieben wollte.

Und dann fuhren Werners Eltern für ein verlängertes Wochenende an die Mosel zu einer Kegeltour. Werner war allein zu Hause und drängte seine Freundin, einige Nächte bei ihm zu verbringen. Ingrid erlebte in den Tagen eine ungewöhnliche Spannung. Sie freute sich auf die ungestörten gemeinsamen Tage und hatte gleichzeitig eine unerklärliche Angst davor. Ihre Gefühle sagten ja, ihr Kopf hatte verschiedene Einwände. Und dann kam der bewußte Tag. Ingrid und Werner hatten alles vorbereitet, und beide wollten den ersten richtigen Geschlechtsverkehr erleben. Aber das schönste und intimste Zusammensein endete mit dicken Tränen und einer bitteren Enttäuschung bei Ingrid. Sie empfand beim Verkehr weniger als je zuvor, die Scheide verspannte sich und schmerzte. Beide brachen ihre geschlechtliche Vereinigung enttäuscht ab und verschoben die erfolgreiche Fortsetzung auf den nächsten Tag. Am anderen Abend war die Angst bei Ingrid noch größer und der sexuelle Druck bei Werner stärker. In dem Mädchen kreisten die verrücktesten Gedanken. Ingrid war mit allen möglichen Problemen beschäftigt, nur nicht mit dem gemeinsamen Liebesspiel. Sie konzentrierte sich auf ihre Reaktionen und beobachtete die Gefühle ihres Freundes. Der Versuch mußte noch schneller abgebrochen werden als der erste. Ingrid war am ganzen Körper verkrampft und verspannt. Ihre sexuellen Gefühle waren einer tiefen Resignation gewichen. Erst ein Vierteljahr später suchte mich das Mädchen in der Beratung auf. In den drei Monaten hatten beide sich nur einige Male an den Geschlechtsorganen gestreichelt, wobei die Initiative einseitig von Werner ausgegangen war. Ingrids sexuelle Wünsche waren nahezu verstummt. Die Angst hatte die Sehnsucht nach Liebe und Befriedigung abgetötet. Das Mädchen hatte plötzlich die unsinnigsten Vorstellungen von Liebe und Sexualität. Und es fragte mich allen Ernstes, ob es eine Ehe ohne Geschlechtsverkehr geben könne und ob ich ihr wirklich raten wollte, bei diesem Mann zu bleiben. Auf einmal entdeckte das Mädchen an dem Mann Nachteile und stellte Fehler und Schwächen fest, die zum Teil dramatisiert und durch die enttäuschenden Erlebnisse als Schutz von ihr produziert wurden.

Als Wochen später der Mann auch die Beratung aufsuchte, war er im Zweifel, ob sich jemals diese sexuelle Abneigung, wie er sie bezeichnete, bei seiner Freundin legen würde. Er war über das Mädchen enttäuscht und gleichzeitig über sich deprimiert, als Mann im entscheidenden Augenblick versagt zu haben.

Wie erklären wir uns diesen Ablauf?

1. Das Ersterlebnis für den Glied-Scheide-Verkehr kam für Ingrid zu überraschend. Ihre gesamten Gefühle und ihr sexuelles Verlangen hatten sich noch nicht uneingeschränkt auf die völlige Vereinigung eingestellt. Sie wurde mehr oder weniger *überredet* und war mit dem Herzen nicht voll dabei.

2. Ängste und Befürchtungen, wenn auch zum Teil irrationaler Natur, hemmten ihre völlige Hingabe. In den entscheidenden Minuten war sie mit Problemen beschäftigt und konnte sich nicht rückhaltlos auf ihre Gefühle und ihre Erregung konzentrieren.

3. Da sie noch unerfahren war, hatte sie zusätzlich Angst, ihrem Mann nicht zu genügen, der vor dieser Freundin schon einige handfeste Erfahrungen gesammelt hatte. Zudem war er ihr von der Schulbildung her überlegen. Die Gespräche ergaben, daß sie vom ersten Kennenlernen bis jetzt immer mit Minderwertigkeitsgefühlen zu kämpfen hatte, die sich also nicht nur auf die sexuelle Unterlegenheit bezogen.

4. Als dann noch das *Ersterlebnis* ein Mißerfolg wurde, potenzierte sich die *Erwartungsangst:* „Die folgenden Begegnungen werden bestimmt wieder scheitern." Da Erwartungen aber die stärkste Motivationskraft im Leben haben, programmieren sie geradezu den Mißerfolg. Das abgewandelte Sprichwort lautet in der Tat: Der Weg zur Hölle ist mit falschen Annahmen gepflastert.

Das bestätigen die amerikanischen Sexualtherapeuten Masters und Johnson in einem Buch:

„Ein klassisches Beispiel ist die Frau, die nach einer Reihe von sexuellen Begegnungen, bei denen ihr Körper nach ihrem Empfinden kaum Reaktionen zeigte, zu der Überzeugung kommt, sie müsse ‚frigid' sein . . . Durch die Annahme, sie sei ‚frigid' – allein schon, weil sie sich dieses abwertende und unsinnige Etikett aufklebte –, verstärkte sie ihre Angst und Verzweiflung und erhöhte damit die Wahrscheinlichkeit, daß sie viel unnötiges Leid durchzumachen haben wird."
(William Masters/Virginia Johnson, Spaß an der Ehe, 1977, S. 9.)

Masters und Johnson beschreiben sehr genau den Mechanismus, den ein Mensch betätigt, der mit falschen Annahmen seinen Leidensweg vorbereitet.

Ingrid brauchte eine langfristige Beratung, um die falschen Erwartungen und die *Angst vor der Angst* in den Griff zu bekommen. Hätte der Mann nicht verständnisvoll mitgespielt, wäre die Beziehung in kurzer Zeit beendet gewesen, weil sich beide enttäuscht und betrogen fühlten und gegen die hereinbrechenden Ängste machtlos waren.

In Ehevorbereitungskursen, in der Freundschafts- und der Verlobtenberatung kann nicht deutlich genug die Bitte geäußert werden, in den gegengeschlechtlichen Beziehungen vor der Ehe die sexuelle Kontaktaufnahme nicht zu überstürzen. Der zögernde, unsichere, vielleicht auch ängstliche Partner baut unsichtbar Mauern auf, steigert sich in eine verstärkte Abwehr hinein und ist plötzlich überzeugt, nicht sexuell normal zu reagieren. Selbst Erwartungen und Annahmen von Männern, ihre Frauen seien sexuell anspruchslos, erfüllen sich. Die Frau lebt – ohne zwingende Notwendigkeit – die Befürchtung des Mannes und erfüllt seine Erwartungen. Wird das viel zitierte *unvergessene Ersterlebnis* dann zur Qual und zur Enttäuschung, bahnt sich im Sinne des Wiederholungszwanges eine negative Weichenstellung an. Die unsinnigen Befürchtungen erfüllen sich.

Dem Menschen widerfährt, was er erwartet.

Der Mensch erfüllt seine eigenen Prophezeiungen.

In der Regel ist der Betreffende selbst nicht in der Lage, diesen Wiederholungszwang aufzuheben und die fragwürdigen Befürchtungen zurückzuschrauben. Ingrid ist ein typisches Beispiel für diese tragische Erwartungsangst.

Erschwerend kommt bei ihr allerdings hinzu, daß ihr Lebensstil eine pessimistische und befürchtende Grundeinstellung verrät, die der Erwartungsangst perfekt in die Hände spielt. Neben dem Abbau der Erwartungsangst muß bei ihr eine grundlegende Lebensstilkorrektur erfolgen.

Daß solche Beispiele keine Einzelerfahrungen sind, möchte ich abschließend noch einmal mit einem Zitat des bekannten Fernsehpsychologen Ulrich Beer belegen, der in seinem Ehebuch schreibt: „Alle ersten Erlebnisse im menschlichen Leben haben eine Schlüsselfunktion. Das ist in der Tierwelt so. Wenn eine kleine Ente ausschlüpft und als erstes nicht die Entenmutter, sondern etwa einen Ball sieht, folgt sie diesem Ball, als ob es die Entenmutter wäre . . . So ist auch das erste wirkliche Liebesverhältnis in vielen Fällen der Schlüssel für alle weiteren. Wenn es glücklich war, kann es beide Partner aneinander binden und im Falle der Trennung Enttäuschungen, zum mindesten auf der einen Seite hervorrufen. Ist die erste Erfahrung enttäuschend, überschattet sie häufig das gesamte Liebesleben. Uns sind Ehepaare in großer Zahl bekannt, die ihr ganzes Leben lang Schwierigkeiten, vor allem auf sexuellem Gebiet, hatten, weil ihre erste sexuelle Vereinigung enttäuschend verlief." (Aus: Ulrich Beer, Ehebuch, Frankfurt 1978, S. 14 f.)

DAS PAAR IN DER INSPEKTION: WAS VERMEIDEN DIE EHELEUTE?

Ich vermeide, mit dir zu sprechen über:

meine Ängste, Pläne, Hemmungen	1	2	3	4	5	6	7
meine sexuellen Wünsche	1	2	3	4	5	6	7
meinen Ärger, den du auslöst	1	2	3	4	5	6	7
meine Zuneigung zu dir oder zu anderen	1	2	3	4	5	6	7
meine Bedürfnisse nach Unabhängigkeit	1	2	3	4	5	6	7
meinen Wunsch nach Abhängigkeit	1	2	3	4	5	6	7
meine Gefühle wie Eifersucht	1	2	3	4	5	6	7
meine Wünsche und Hoffnungen	1	2	3	4	5	6	7

Ich vermeide dir gegenüber:

ausgelassen zu sein	1	2	3	4	5	6	7
hemmungslos zu sein	1	2	3	4	5	6	7
ernst zu bleiben	1	2	3	4	5	6	7
mich ganz auf das einzustellen, was mir Sorgen macht	1	2	3	4	5	6	7
zu zeigen, daß ich im Augenblick lieber allein sein möchte	1	2	3	4	5	6	7
auf deinen Ärger einzugehen	1	2	3	4	5	6	7
auf deine Unsicherheit einzugehen	1	2	3	4	5	6	7

Die Bedeutung der Ziffern:
Eine angekreuzte 1 heißt „stimmt genau",
eine 7 „stimmt überhaupt nicht".
Eine 4 würde „unentschieden" bedeuten.

Sie können Ihre Eheprobleme selbst in Angriff nehmen. Bemühen Sie sich – ohne Vorwürfe und ohne Unterstellungen –, die Fragen selbstkritisch und ehrlich zu beantworten.

1. Jeder Partner füllt für sich die Fragen aus und streicht jeweils die Ziffern an, die seine Gefühle am besten widerspiegeln.

2. Nehmen Sie sich Zeit, die Vermeidungsreaktionen mit Beispielen aus dem Ehealltag genau zu beschreiben!

3. Bei welchen Fragen sind die Vermeidungsreaktionen am stärksten? Sind Sie sich über die Motive und Hintergründe im klaren? Finden Sie mindestens *eine* Antwort bei sich selbst, um die Vermeidungsstrategien zu erklären!

4. Was glauben Sie, welchen Einfluß die Vermeidungsreaktionen auf Ihr sexuelles Glück haben?

....

1 = kaum   2 = etwas   3 = viel   4 = Hauptanteil

5. Tauschen Sie die Fragebögen aus und erheben Sie Ihre Beobachtungen zum Gespräch!
– Vermeiden Sie Anklagen!
– Reden Sie von sich und Ihren Gefühlen!

6. Wollen Sie sich mit dem gegenseitigen Austausch Ihrer Antworten zufriedengeben oder wollen Sie beginnen, ernsthaft an den negativen Vermeidungsmustern zu arbeiten?

Besonders der Mann neigt bei sexuellen Konflikten zu der Überzeugung, die Scheidung sei die beste Lösung. Er argumentiert:
– Da das Sexuelle nicht funktioniert, klappt die Ehe nicht.
– Die sexuellen Beziehungen sind nicht befriedigend, und deshalb ist auch die Ehe nicht befriedigend.
– Beglückende sexuelle Akte sind der Dreh- und Angelpunkt für das partnerschaftliche Zusammenleben.

Die Logik ist vermutlich so alt wie die Menschheit. Aber dieses Vorurteil, das von Generation zu Generation weitergegeben wird, macht deutlich, wie hartnäckig sich Irrtümer halten können. Die männliche Logik macht geltend, daß die sexuelle Funktionstüchtigkeit über Glück und Unglück entscheidet.

Schauen wir uns den Problemkreis etwas genauer an, der so oder ähnlich in der Beratung aufgerollt wird.

Sie sind etwa 15 Jahre und mehr verheiratet, beide Ehegatten sind gläubig, einer ist in seinem Vertrauen zu Gott etwas mehr als der andere „angeschlagen". Im Laufe der Jahre hat man sich auseinandergelebt. Die Frau hat sich überwiegend um die Kinder gekümmert; der Mann fühlt sich vernachlässigt und wendet sich daher stärker seiner Arbeit zu. Er lernt eine andere Frau kennen, die sich für ihn interessiert. Hat man vorher schon nicht mehr viel in der Ehe gesprochen, wird die Atmosphäre noch angespannter. Die Ehekrise ist da. Der Mann erwartet von seiner Frau, daß sie „mitspielt" und sein Verhältnis toleriert. Schließlich hat sie sich sexuell versagt. Und keinem Mann ist schließlich zuzumuten, daß er sich jahrelang enthält. Der Mann kann sich nicht entscheiden, wie er sagt, ganz zur Familie zurückzukommen, aber er will auch keine Trennung. Die Frau weiß inzwischen auch um ihre eigenen Fehler. Sie ist, soweit sie den Durchblick hat, zu einem Neuanfang bereit. Doch der Mann meint: Jetzt ist alles zu spät. Monate vergehen in dieser angespannten Situation. Es kommt zu keinem tiefergehenden Gespräch, das eine Klärung herbeiführen würde.

Es handelt sich um eine Ehe- und Partnerschaftsproblematik, wie sie mir in der Beratungspraxis häufig begegnet. Die Fakten, die zu der Krise geführt haben, sind genau die Symptome, die eine schwere Ehestörung in Gang setzen. Schauen wir uns die auslösenden Vorgänge genauer an.

1. Frau und Mann haben sich auseinandergelebt

Wie kommt so ein Auseinanderleben zustande? Wir unterliegen einem Irrtum, wenn wir glauben, daß die Entfremdung die *Ursache* für die beschriebenen Störungen in der Partnerbeziehung ist. Das Auseinanderleben der Eheleute ist die *Folge* von ehestörenden Verhaltensweisen.

In der Boulevardpresse wird oft der Eindruck beim Leser erweckt, die Ehe unterliege automatisch einem Abnutzungsprozeß. Langeweile und Gleichgültigkeit gehörten zwangsläufig zu der Institution Ehe. Dafür gibt es keinen Beweis. Wichtig ist allerdings, daß eine harmonische Ehe von beiden Partnern Anstrengungen und Arbeit erfordert.

2. Die Eheleute haben sexuelle Probleme

Die kurze Situationsbeschreibung des Ehepaars macht deutlich, daß die sexuellen Beziehungen blockiert sind. Die Erfahrung der Beratungspraxis zeigt, daß *seelische* Probleme *sexuelle* Probleme hervorrufen. Leib und Seele sind so eng aufeinander bezogen, daß sie sofort wechselseitig reagieren.

Mann und Frau – *also beide* – zeigen Fehlverhaltensmuster, die geistlich und partnerschaftlich nicht zu vertreten sind. Sie rufen Abwehrhaltungen und Gegenreaktionen hervor. Beide revanchieren sich. Die körperliche Intimität ist ein Barometer für die seelische Harmonie einer Partnerschaft. Gestörte Körperkontakte sind häufig der Nebenkriegsschauplatz, auf dem Widerstände gegen den Ehepartner, Meinungsverschiedenheiten, Unterlegenheitsgefühle und Gefühle der Vernachlässigung und Nichtbeachtung geahndet werden. Wenn sich die Frau „überwiegend" um die Kinder kümmert, liegt darin eine unbewußte und unverstandene Absicht. Der Mensch tut nichts ziellos, auch wenn dieses Ziel für ihn selbst im Dunkeln bleibt. Er handelt so, *als ob* er genau wüßte, was er will. Das gilt auch für den

Mann. Wenn er sich verstärkt seiner Arbeit widmet, ist das eine Antwort auf das Handeln seiner Frau. Selbstverständlich kann die Reihenfolge auch umgekehrt sein: Der Mann wendet sich der Arbeit zu, und die Frau kümmert sich verstärkt um die Kinder. Auch bei diesem Problem gilt: „An ihren *Früchten* werdet ihr sie erkennen" (Matth. 7, 16). Die Taten drücken meine Überzeugungen aus.

Wenn ich wörtlich der Problemstellung des Ehepaares folge, hat sich zuerst die Frau dem Mann *entzogen,* indem sie den Kindern über Gebühr Platz und Liebe einräumte. Paulus nimmt im Neuen Testament eindeutig Stellung, wenn er die Ehepartner unmißverständlich auffordert: „Entziehet euch einander nicht, außer im gegenseitigen Einvernehmen und nur eine Zeitlang, um für das Gebet frei zu sein" (1. Kor. 5).

Die Betonung liegt auf „im gegenseitigen Einverständnis". Ein einseitiges körperliches und seelisches Entziehen, aus welchen Gründen auch immer, ist ehestörend.

3. Der Mann fühlt sich vernachlässigt, hat sich der Arbeit zugewendet und dann einer anderen Frau

Weil er in der Ehe und in der Familie zu wenig Anerkennung und Bestätigung findet und sexuell sich vernachlässigt sieht, stürzt er sich in die Arbeit. Die Arbeit wird zur Flucht vor der Ehe. Die Arbeit entschädigt ihn für mangelnde partnerschaftliche Zuwendung. Besonders für Männer hat die Arbeit oft einen hohen Stellenwert. Hier bekommen sie und verschaffen sie sich Bestätigung. Unmißverständlich muß aber darauf aufmerksam gemacht werden, daß es auch möglich ist, daß ein zu karrierebewußter Mann, der auf Leistung und Anerkennung fixiert ist, die Reaktionen seiner Frau ausgelöst hat. Er hat sich verselbständigt und seiner Frau das Gefühl gegeben, daß sie an seinem Lebensinhalt nicht teilnehmen kann. Erst jetzt wendet sich die Frau den Kindern vermehrt zu. Diese Vernachlässigung stört wiederum sein Selbstbewußtsein, und er geht bereitwillig auf die Angebote einer fremden Frau ein, die sich für ihn interessiert. Hier wird deutlich, daß Ehebruch immer eine brüchige Stelle in der Ehe voraussetzt. In einer wirklich harmonischen Ehe kann kaum ein fremder Partner als ernsthafte Bedrohung eindringen.

4. Das Hand-in-Hand-Spiel der Eheleute

Die Eheproblematik verdeutlicht, daß Ehestörungen nicht in erster Linie *in* der gestörten Psyche eines Partners zu suchen sind, sondern daß es fast immer *zwischenmenschliche* Störungen sind, die gemeinsam produziert werden. Nicht nur Eltern und Kinder, Lehrer und Schüler, Therapeut und Klient, sondern auch Mann und Frau spielen sich perfekt in die Hände.

Aus der Beratungspraxis will ich ein kleines Beispiel beisteuern, wie ein solches Hand-in-Hand-Spiel aussehen kann. Er sagt von ihr: „Sie setzt grundsätzlich ihren Kopf durch. Sie macht, was sie will." Und seine Frau stellt das Hauptverhaltensmuster ihres Mannes so dar: „Er läßt mich grundsätzlich hängen. Er kümmert sich um nichts."

Beide spielen perfekt zusammen. Beide ergänzen sich nahtlos. Die Frau übernimmt jegliche Verantwortung. Die Frau entscheidet in kleinen und großen Dingen. Er mauert, läßt sie hängen und kümmert sich um nichts. Je verantwortlicher sie handelt, desto unverantwortlicher und passiver reagiert er. Wer in einem solchen Fall dem Mann die Schuld gibt, täuscht sich gewaltig. Beide handeln folgerichtig, beide handeln logisch. Sie spielen sich perfekt in die Hände.

Ein altes Sprichwort kennzeichnet die Situation treffend: „Wie ich in den Wald hineinrufe, so schallt es zurück."

Oder wir sagen: „Wie du mir, so ich dir."

Was können die Ehepartner tun?

Ich nenne einige Regeln, die die Partnerbeziehung verbessern können.

1. Regel: Beide fragen sich ernstlich, ob sie noch an der Ehe festhalten wollen

Beide stellen ehrlich voreinander und vor Gott die Frage, ob sie noch an der Ehe festhalten wollen. Wenn beide oder einer die Frage nicht beantworten kann, sollten sie einen Berater oder Seelsorger aufsuchen, der mit beiden diese wichtige Frage klären hilft. Sie zeigen damit, daß sie es ernst meinen. Wenn einer nicht will, ist die Ehe in

Gefahr. Partnerschaft ist eine Zweierbeziehung. Beide ziehen an einem Strick, und zwar in die gleiche Richtung. Sind beide ehrlichen Herzens gewillt, die Ehe fortzusetzen, müßten sich auch Mittel und Wege finden lassen, aus der Sackgasse herauszukommen. An den aufrichtigen Bemühungen kann man ablesen, ob beide wollen oder unbewußt die Veränderung torpedieren. Nicht schöne Worte und Versprechungen entscheiden über die Kurskorrektur, sondern Taten.

2. Regel: Beide bejahen, daß Ehekonflikte zwischenmenschlicher Art sind
Beide müssen bereit sein, ihre Ehemisere als Ergebnis *beiderseitigen* Fehlverhaltens zu akzeptieren. Das ist die Voraussetzung für eine positive Veränderung der Partnerbeziehung. Dazu gehört auch, daß jeder vor dem anderen und vor dem lebendigen Gott seine persönliche Schuld anerkennt. Es genügt kein allgemeines Schuldbekenntnis: „Wir sind voreinander und vor Gott schuldig geworden", sondern jeder sagt dem anderen und Gott, worin er *exakt* gefehlt und Spannungen hervorgerufen hat.

3. Regel: Beide verzichten darauf, sich zu rechtfertigen
Sind beide bereit, die Wünsche, die ein Partner an den anderen hat, zu hören und ernst zu nehmen, ohne sich zu verteidigen und zu rechtfertigen?

Professor Dr. Röhricht von der Kirchlichen Hochschule Wuppertal sagte einmal zu dieser beliebten Selbstrechtfertigung: „Der Verzicht auf Rechtfertigung ist der erste Schritt zur Heiligung." Christus hat uns ein Vorbild gegeben mit seinem völligen Verzicht auf Rechtfertigung. Wer sich rechtfertigt, klagt sich an. Er will für sein Fehlverhalten keine Verantwortung übernehmen. Er wäscht sich rein und redet sich heraus.

Wer von größerer und schlimmerer Schuld spricht und sie dem anderen vorrechnet, handelt unbiblisch und unpartnerschaftlich. Beide müssen sagen können: „*Wir* haben uns in diese Misere hinein manövriert. Was wollen *wir* beide tun, um wieder herauszukommen?"

Damit nimmt jeder die Verantwortung auf sich und schiebt sie nicht dem anderen oder bösen Umständen in die Schuhe.

4. Regel: Beide stellen ihr falsches Verhalten ein
Wie kann die *Frau* die übertriebene Liebe und die Fürsorge zu ihren
Kindern abbauen und sich vermehrt ihrem Mann zuwenden? Welche
Wünsche hat *er* in der Vergangenheit geäußert? Welche Verhaltensmuster kommen ihm entgegen? Wie kann der Mann seine „Flucht in
die Arbeit" verringern? Wie kann er die Abkehr von der häuslichen
und ehelichen Gemeinschaft einstellen? Ist er bereit, das Verhältnis
zu der anderen Frau zu lösen?

Ehe besteht aus Geben und Nehmen, Gelten und Geltenlassen,
Befriedigen und Befriedigtwerden. Beide müssen das Gefühl bekom-
men, daß ihre Bedürfnisse und Wünsche in der Ehe befriedigt werden.
Wer die Gefühle und Bedürfnisse des anderen ignoriert, produziert
Konflikte.

5. Regel: Beide suchen das Gespräch
Wer etwas will, muß das Gespräch suchen. Wer wartet, bis der andere
kommt, handelt ungeistlich. Wenn einer schweigt oder beide schweigen, kommt es zu keinen „tiefergehenden Gesprächen". Vorwürfe
und Vorhaltungen verletzen und rufen Streit hervor. Schweigen ist
eine *Waffe*. Sie verstärkt den Machtkampf, in den beide Eheleute
verwickelt sind. Schweigen trifft meistens einen Partner in der Regel
an einer empfindlichen Stelle. Wer schweigt, will den anderen bestrafen. Wer schweigt, glaubt geistlicher zu handeln als der Partner, der
Vorhaltungen macht. Das ist ein Irrtum.

6. Regel: Jeder liebt den anderen, wie er ist
Wenn beide wissen, was der andere möchte, beginnt die Kurskorrektur bei ihm selbst. Wer den anderen verändern will, handelt ungeistlich. Denn Liebe heißt: „Ich liebe dich – *wie du bist* und nicht wie du
sein solltest." Wenn ich *mich* ändere, kann der andere nicht bleiben,
wie er ist. Wenn ich mich ändere, hat das Auswirkungen auf den
anderen. Und ein Satz – auch aus der geistlichen Erfahrung: Wer den
anderen liebt, wie er ist, ändert ihn damit am meisten. Worauf ist das
zurückzuführen?

Wenn ich den Partner akzeptiere, wie er ist, komme ich ihm
liebevoller, freundlicher und zärtlicher entgegen. Meine Haltung be-

steht nicht aus Vorwürfen und Kritik. Ich bringe ihn nicht in Spannung und Abwehr. Auch der Partner ist dankbar, wenn ihm keine Vorwürfe gemacht werden, und er hat die Möglichkeit, sein Fehlverhalten leichter zu korrigieren. Wer kritisiert und ständig den anderen verändern will, verstärkt bewußt und unbewußt seinen Widerstand.

7. Regel: Beide beten um konkrete Einsichten

Wenn beide Partner die Hände falten und beten, hat das Gebet nur Sinn, wenn sie den Herrn bitten, ihnen konkrete Einsichten in ihr persönliches Fehlverhalten zu geben und Kraft für die konkreten Korrekturen zu schenken. Ein Gebet: „Herr, rette unsere Ehe, Amen", ist ein schlechtes Gebet. Es ist unfruchtbar, weil der Beter nicht bereit ist, sein Fehlverhalten zu korrigieren und sich detailliert von Christus auf seine falschen Ehemuster aufmerksam machen zu lassen. Ungenaue Pauschalgebete signalisieren keinen ehrlichen Willen, sondern zeigen eher ein Feigenblatt-Verhalten. Der Beter hat ein bißchen sein Gewissen entlastet, aber keinen entscheidenden Umkehrschritt geleistet.

Und wenn der Mann nicht will? Wenn er nicht bereit ist, von der fremden Frau zu lassen, um das Verhältnis zu lösen? Wenn er seine Frau überreden oder zwingen möchte, daß sie stillschweigend „mitspielt"? Dann sollte sie die 8. Regel befolgen.

8. Regel: Jeder muß wissen, was er will

Der oft mißverstandene therapeutische und seelsorgerliche Hinweis lautet: „Ich muß wissen, was ich will." Ich stelle dem anderen keine Bedingungen und erpresse ihn womöglich. Dazu habe ich kein Recht. Liebe stellt keine Bedingungen. Aber ich muß wissen, was ich will. Ich muß meine Achtung vor mir behalten. Ich kann mir Wege überlegen, die ich verantworten kann. Vielleicht suche ich ein Gespräch mit einem Seelsorger und überlege, was *ich* tun kann. Welche Schritte muß *ich* gehen, damit *ich* Frieden behalte, und zwar im Namen Jesu? Und wenn ich in christlicher Verantwortung weiß, was ich zu tun oder zu lassen habe, dann handle ich. Nicht aus *Rache* gegen jemand, schon gar nicht gegen den Ehepartner. Das ist Sünde.

Eine Möglichkeit kann lauten: „Ich kann als deine Frau eine zweite

Partnerin nicht ertragen. Aber dich kann ich nicht zwingen und will es auch nicht, sie zu lassen. Darum werde ich gehen."

Ingesamt kann man sagen: Scheidung ist keine Lösung im Sinne einer positiven Antwort auf Krisen und Konflikte in der Ehe. „Die Scheidung ist der Tod der Eheperson", schrieb der Vater der Eheberatung und Eheforschung, Dr. Theodor Bovet. Das Wir der Ehe ist zerstört. Das Ein-Leib-Sein der Ehepartner wird aufgehoben.

Und wenn die Kurskorrektur der Eheleute erfolgreich war, sind auch die sexuellen Beziehungsstörungen verbessert. Darum gilt:

– Wer wieder liebevoll mit dem andern reden kann, kann in der Regel auch wieder mit ihm schlafen.

– Wer sich innig mit dem Partner im Gebet vereinigen kann, wird sich auch körperlich mit ihm vereinigen können.

– Wer Störungen, Widerstände, Wut- und Rachegefühle begraben und vergeben kann, hat damit in der Regel auch seine Blockaden auf der körperlich-sexuellen Beziehungsebene verloren.

Harmonie ist keine einseitige Frage des Kopfes, der Gefühle oder der Übereinstimmung von Glied und Scheide. Harmonie spiegelt sich in der gesamten Existenz wider, sie ist das Zusammenspiel zweier Menschen, die sich lieben.

GRUNDÄNGSTE, DIE DIE SEXUELLE HARMONIE BEEINTRÄCHTIGEN

Grundängste	*wenig*	*mittel*	*stark*
Ich fürchte mich, verlassen zu werden			
Ich fürchte mich, minderwertig zu sein			
Ich habe Angst, zu abhängig von dir zu werden			
Ich fürchte mich, etwas für mich zu fordern			
Ich habe Angst, auf dich einzugehen und mich zu öffnen			
Ich fühle mich schwach und fürchte mich vor deiner Aggressivität. Ich habe Angst, mich zu wehren			
Ich habe Angst, daß du zu mächtig wirst und mich unterdrückst			

Hinweise für die Ehepartner
1. Jeder der beiden Eheleute füllt für sich den Bogen aus.
2. Welche Ängste haben das größte Gewicht und stören die sexuelle Harmonie?
3. Sprechen Sie gemeinsam über Ihre Ängste und suchen Sie zusammen nach Lösungen!

RACHE FÜR SEXUELLES DESINTERESSE

Herr M. ist Verkaufsleiter einer Autofirma. Er ist ein Verkäufer durch und durch. Sein Auftreten ist makellos, seine Anzüge sitzen wie angegossen. Auch sich selbst kann er gut verkaufen. Er braucht das. Er will beachtet werden. Wenn eine Frau sein gepflegtes und zuvorkommendes Wesen herausstreicht, blüht er auf. Herr M. braucht Anerkennung und Bestätigung. Draußen gelingt es ihm, sich witzig, charmant und einfühlsam zu geben. Zu Hause hat er sein „Pulver verschossen", wie seine Angetraute zu bemerken pflegt.

Seine eigene Frau reagiert ausgesprochen eifersüchtig auf seine bestechende Art in der Öffentlichkeit. Sie wird zunehmend mißtrauischer und glaubt, er habe eine andere Frau, für die er sich schön mache. Die Ehefrau reagiert zunehmend gereizter und sexuell abwehrender. Der Mann kann es nicht verstehen, daß er überall gut ankommt und von seiner Frau mehr oder weniger abgelehnt wird.

Sein Unverständnis steigert ihre Eifersucht, ihre Eifersucht verstärkt seinen Unmut. Beide fördern wechselseitig ihr Distanzierungsverhalten. Er wird immer wütender, und sie fühlt sich bestätigt: Wer sich verteidigt, klagt sich an. Jeden Abend gibt es eine Szene. Das Zusammenleben wird unerträglich. Und dann platzt es aus ihm heraus:

„Ich bin doch auf dich nicht angewiesen! Wenn du mich zurückstößt, nehme ich mir eine andere! Was glaubst du, wie viele darauf warten!" Sie zeigt ihm die kalte Schulter und läßt ihn stehen. Mit Ablehnung glaubt sie ihn am tiefsten treffen zu können.

Vier Wochen später macht er seine Drohungen wahr. Eine andere Frau spielt auch sexuell in seinem Leben eine Rolle.
Rachegefühle haben die Liebe zerstört.
Rachegefühle haben den Ehebruch inszeniert.

Das Racheverhalten von Ehepartnern ist verbreiteter, als wir glauben. Vergeltungsgedanken haben ein zähes Leben. Wir erkennen sie an Sprichwörtern und Klagen, die wir Tag für Tag zu hören bekommen.

„Man kann sich doch nicht alles gefallen lassen."

„Auf einen groben Klotz gehört ein grober Keil."

„Wie du mir, so ich dir."

„Das zahle ich dir heim!"

„Wer nicht hören will, muß fühlen!"

Das sind Reaktionsmuster, wie sie in unserer Welt zu Hause sind. Was steckt dahinter?

Der Ehepartner fühlt sich nicht *gleichwertig*, klein und *hilflos*, *unterlegen*, *ausgenutzt* und *betrogen*.

Wer sich aber unterlegen und minderwertig *fühlt*, reagiert boshaft. Er hat das Bedürfnis, den anderen zu strafen, er kann es nicht lassen, sich am anderen zu *rächen*, in ihm wird der Wunsch immer stärker, sein angeschlagenes Selbstbewußtsein aufzubessern.

Das Racheverhalten zeigt viele Gesichter. Einige wollen wir uns anschauen:

1. Ein Partner geht fremd

Er glaubt sich vernachlässigt, er fühlt sich nicht genügend geliebt und verstanden und holt sich „sein Recht" woanders. Die Entschuldigungen für sein Verhalten fliegen ihm nur so zu. „Hätte sie mich nicht ständig kritisiert, wäre ich nicht ausgebrochen."

„Er spricht am Abend keine zehn Worte mit mir. Das hält kein normaler Mensch aus."

Ehebruch ist ein *Folge*-Verhalten. Die Brüchigkeit oder Zerrüttung der Beziehung wurde sicher schon an anderer Stelle deutlich. Und der Partner, der am meisten leidet, greift zu bestimmten Mitteln, um sein Los zu ändern.

Einige erzählen dem Partner sogar ihre Eskapaden. Was wollen sie damit bezwecken? Soll er sich mehr anstrengen und Mühe geben? Oder wollen sie ihm einen Denkzettel verpassen? Rache steht offenbar im Hintergrund.

In seinem Buch „Wenn du nicht wärst", schreibt der Bochumer Eheberater Pastor Alfred Ziegner:

„Ist aber nicht in vielen Fällen der Betrogene selbst nicht der eigentliche Verursacher? . . . Und das könnte sich dann so anhören: *Sie* hat sein Studium finanziert. Jetzt appelliert sie bei jeder Gelegenheit an seine Dankbarkeit. Er hat das Gefühl, regelrecht von ihr gekauft und moralisch ‚vergattert' worden zu sein. Und dann begegnet ihm irgendwann ein Mädchen, das ihn um seiner selbst willen liebt." (Alfred Ziegner, Wenn du nicht wärst, Kassel 1981, S. 90–91.)

Hat die Frau nicht recht? Und doch. Versetzen Sie sich in den Mann hinein! Er fühlte sich „gekauft" und „vergattert". Eines Tages bricht er aus, er rächt sich auf seine Weise.

2. Ein Partner verweigert sich sexuell

Alfred Adler, der Begründer der Individualpsychologie, charakterisierte die sexuelle Verweigerung als den „gefährlichsten Nebenkriegsschauplatz". Das heißt, der Krieg zwischen den Partnern hat eine andere Motivation. Die mangelnde sexuelle Bereitschaft ist nicht der Hauptpunkt für eheliche Konflikte. Sexuelles Desinteresse ist nicht die *Ursache,* sondern die Folge (die Rache) für tieferliegende Partnerprobleme.

Frigidität, weibliche Gefühlskälte und Impotenz, männliches sexuelles Unvermögen werden als *Mittel zum Zweck* benutzt. Die Verweigerung geschieht mehr unbewußt. Hingabe ist ein Zeichen innerer Verbundenheit und letzter Übereinstimmung.

Fühlt sich ein Partner aber ausgenutzt, nicht verstanden, entwertet, gedemütigt und im Stich gelassen, kann er seinen Ehegefährten mit Frigidität oder Impotenz bestrafen.

Der schon genannte Psychiater und Therapeut Alfred Adler hat das Lebensgefühl der frigiden Frau mit „männlichem Protest" umschrieben. Die Frau fühlt sich benachteiligt, erlebt ihr Geschlecht als minderwertig und begegnet dem Vorurteil des sich überlegen aufspielenden Mannes. Auf diesem Hintergrunde können sich Gefühle der Schwäche, der Rechtlosigkeit, der Hilflosigkeit und Erniedrigung profilieren. Die Frau hadert dann mit ihrem Schicksal, wird aggressiv und rachsüchtig und protestiert auf ihre Weise gegen den Mann.

3. Ein Partner operiert mit Selbstmord

Eine besonders schwere Form der *Rache* sind Selbstmordversuche und Selbstmord.

Eine Ratsuchende, die zwei Selbstmordversuche hinter sich hatte, erzählte mir in einem Gespräch einen Traum: „Ich lag im Sarg und wohnte sozusagen meiner eigenen Beerdigung bei. Die Gruft war bereits ausgehoben, und die Träger hatten einen Sarg schon heruntergelassen. Oben am Rand sehe ich meinen Mann stehen, neben ihm unsere beiden Kinder. Mein Mann weint bitterlich. Er wird von jemand gestützt, den ich nicht erkennen kann."

Die Deutung ist ziemlich klar. Ich frage die Ratsuchende, was ihr Hauptgefühl beim Aufwachen gewesen sei, und sie sagt: „Ich verstehe es selber nicht, aber ich war nicht erschüttert. Irgendwie habe ich sogar ein Gefühl der Befriedigung gehabt."

Die Frau ist *befriedigt*. Sie hat ihren Mann in erster Linie treffen wollen. Im Traum läßt sie ihrer Rache freien Lauf. Jetzt soll er leiden. Der Selbstmord seiner Gattin soll ihm ein Leben lang nachlaufen. Für alles Unrecht soll er büßen. So ist Vergeltungsstreben oft die letzte Phase offener Feindschaft in der Ehe. Wer mit Selbstmordabsichten spielt, ist tief von Verzweiflung und Hilflosigkeit zerrissen. Wer mit Selbstmord spielt, hat das untrügliche Gefühl, zu kurz gekommen, zurückgesetzt, mißachtet und vernachlässigt zu sein. Jeder, der mit Rachegedanken operiert, hat mir bestätigt, wieviel Zeit und Geduld, wieviel Grübeln und Nachdenken er für sein schändliches Tun vergeudet hat.

Was können die Ehepartner tun?

1. Sie fragen nach dem Zweck ihrer Verhaltensweisen.
Sie fragen *nicht* nach der Ursache. „Wohin soll uns diese gegenwärtige Spannung und Disharmonie führen? Wozu erleben wir diese Enttäuschungen, dieses Leid?"

Eine solche Frage ist auf die Zukunft gerichtet, und ihre Beantwortung ergibt viel eher Hinweise für eine aufbauende und bejahende Einstellung, als die Frage nach dem *Warum,* die in der Vergangenheit verhaftet ist und notwendig in einer Verurteilung mündet. Das Warum schafft Schuldige, das Wozu Hoffende.

Auch in der Beratung habe ich erlebt, daß die Frage: „Warum haben Sie sich so oder so verhalten?" nur Rechtfertigungen, Verurteilungen und Schuldsprüche veranlassen. Frage ich dagegen: „Was können Sie besser machen? Was wollen Sie in dieser Stunde mitnehmen, das

Sie hilfreich im Zusammenleben einsetzen können?", eröffne ich sofort neue Möglichkeiten für das Morgen.

2. Was kann ich für ihn, nicht gegen ihn tun?

Im Römerbrief heißt es: „Die Liebe tut dem Nächsten nichts Böses; dennoch ist die Liebe die Erfüllung des Gesetzes" (Röm. 13, 10).

Wer aufrechnet, verschlimmert sein eheliches Leid. Es ist auch völlig falsch, den rachsüchtigen Partner auf sein Unrecht aufmerksam zu machen. Vorwürfe werden in der Regel mit Rechtfertigungen beantwortet. Die Rechtfertigung erzeugt neue Angriffe.

In der Eheberatung gibt es eine Frage, die unter den Augen Gottes legitim ist: „Was kann ich für ihn, nicht gegen ihn tun?" Wenn der Partner Sie angreift, ist er offensichtlich ein Mensch, der Hilfe braucht. Was können Sie unternehmen, um das zu ändern? Wer sich verteidigt, wetzt das Messer. Er denkt über zugefügtes Unrecht nach und führt einen Gegenangriff. Er ist mit sich beschäftigt, verfällt in Selbstmitleid und Depression und kann nicht Böses mit Gutem vergelten. Und das ist Gottes Geheimwaffe.

In Römer 12, 17 heißt es: „Befleißigt euch der Ehrbarkeit gegen jedermann." Wörtlich steht da: „Plane, das zu tun, was in den Augen aller Menschen recht ist." Wer Gutes plant, Positives und Hilfreiches plant, kann keine Rachepläne ausbrüten. Paulus sagt: „Liebe ist des Gesetzes Erfüllung." Liebe brütet Gutes aus, und zwar für den anderen. Ein kleines Lächeln, ein glücklicher Ausdruck der Geduld, ein Kuß voll Zartheit, ein Wort aufrichtiger Zuneigung können Wunder tun.

3. Häßlichkeit mit Liebe parieren

„Achtet darauf, daß niemand einem anderen Böses mit Bösem vergelte, befleißigt euch vielmehr allezeit des Guten gegeneinander und gegen alle Menschen" (1. Thess. 5, 5).

„Laß dir nicht vom Bösen eine Niederlage beibringen!" lautet eine andere Übersetzung. Mit Rachegedanken beleidigen wir unseren Herrn. Heimzahlen stellt unser Christsein in Frage. Rache befriedigt den alten Adam. Die christliche Lebensregel für zwischenmenschliches Miteinanderumgehen hat Paulus formuliert: „Man schilt uns, so segnen wir; man verfolgt uns, so dulden wir's; man lästert uns, so reden wir freundlich" (1. Kor. 4, 12).

Vielleicht ist das für den Durchschnittsbürger der komplette Schwachsinn. Es ist aber auch nicht ausgeschlossen, daß Haß, Feindschaft und Kriege die Menschen weltweit auseinanderreißen, weil dieses fundamentale christliche Gebot mißachtet wird. Was verlieren wir, wenn wir in der Ehe damit beginnen?

Das ungewollt gewollte Kind

Elfriede ist 17 und hat auf dem Schützenfest in der Heide einen netten jungen Mann kennengelernt. Er ist von zu Hause ausgerissen und sucht eine Bleibe. Elfriede hat viel Verständnis für den Mann. Zu Hause hat sie einen überstrengen Vater, der in seiner Jugend zwar ein „Hallodri" war und jetzt um so gewissenhafter und moralischer mit seinen Kindern verfahren will: „Kommst du mir mit einem Kind nach Hause, fliegst du auf der Stelle hinaus."

Elfriede nimmt den Satz sehr ernst und sieht sich schon auf der Straße liegen. Sie ist wütend auf den Vater und *rächt sich* auf ihre Weise. Zweimal ist sie ausgerissen, der Knute des Vaters entwischt, die Polizei hat sie zurückgebracht, und das Donnerwetter und die prophetischen Ratschläge „Du landest noch mal in der Gosse" haben sie verstärkt.

Elfriede verliebt sich in den Mann und klammert sich intensiv an den zukünftigen Vater eines halb gewollten, halb ungewollten Kindes. Geschlechtsverkehr findet nach zwei Zusammentreffen statt, Verhütungsmittel hält das Mädchen für überflüssig. Beide schmieden Pläne für eine gemeinsame Zukunft – vor allem ohne Eltern und Schwiegereltern. Das Kind meldet sich an, Elfriedes Vater bläst zum angekündigten Angriff, und Elfriede entschwindet mit dem Mann über alle Berge. Zwischen Vater und Tochter spielt sich ein Machtkampf ab, der mit Rachegefühlen durchtränkt ist.

Ich: „Und jetzt sind Sie glücklich?"

Sie: „Halb und Halb."

Ich: „Wie darf ich das verstehen?"

Sie: „Meine Eltern können mir ja nun nichts mehr anhaben. Was wollen die machen! Das Gericht gibt uns bestimmt die Einwilligung zu heiraten. Wir sind beide froh, von den Eltern loszukommen. Das mit dem Kind ist ja nicht so angenehm. Aber die haben's ja nicht anders gewollt."

Ich: „Wären Sie lieber ohne?"

Sie: „Auf der einen Seite ja, auf der anderen Seite würden die Eltern uns jetzt zurück nach Hause zwingen. Was hätten wir denn sonst machen sollen?"

Ich: „Wollen Sie damit sagen, daß Sie das Kind gemeinsam gewollt haben?"

Sie: „Gesprochen haben wir nie darüber. Mir war's von Anfang an egal. Hauptsache weg von zu Hause." Sie macht eine kleine Pause und fährt dann fort: „Richtig beglückt hat mich der Verkehr bis heute nicht, aber schließlich ist mir der Mann als Freund und Partner wichtiger als das bißchen Sex."

Die Atmosphäre des Elternhauses und der Druck des Vaters trieb die einzige Tochter in die Hände des Liebhabers. Geborgenheit, Wärme und Nähe in den Armen des Liebhabers waren dem Mädchen wichtiger als sexuelle Erfüllung. Halb bewußt, halb unbewußt wünschte es sich ein Kind, benutzte den Geschlechtsverkehr als Mittel zum Zweck und erkaufte sich eine zweifelhafte Freiheit. Unterschwellig wird die Rache am Vater und am Liebhaber deutlich. Beiden hat sie einen Streich gespielt.

Fragen zur Selbstprüfung

Kann ich von mir behaupten, daß Rachegefühle – in welcher Form auch immer – meinem ehelichen Verhalten fremd sind?

Welche Situationen und Begebenheiten fallen mir ein, wo ich dem Partner „einen Streich gespielt" und wo ich ihm ein bestimmtes Unrecht heimgezahlt habe?

Gibt es Begebenheiten in der Vergangenheit, wo ich meinen Partner wissentlich in sein Unglück habe rennen lassen, um ihn für erlittenes Unrecht zu bestrafen?

Wenn ich vermute, daß mein Partner fremdging, habe ich ihn dann kontrolliert und beobachtet?

Hatte ich das dringende Bedürfnis, ihn zu überführen und hereinzulegen?

Spiele ich in der Phantasie mit Rachegedanken, um meinen Partner für bestimmte Verhaltensweisen zu bestrafen?

Huldige ich auch dem Grundsatz: „Gleiches Recht für alle" und räche mich damit am Partner aufgrund einer einleuchtenden Entschuldigung?

Stelle ich gern meinen Partner vor anderen bloß – vor Eltern, Schwiegereltern und Freunden –, um ihn eindrücklich zurechtzuweisen?

Kann es sein, daß ich sogar Krankheiten benutze, um den Partner zu zwingen, sich um mich zu kümmern und für mich da zu sein?

Glückliche Sexualität hat etwas mit *wahrer Liebe* zu tun. Liebe ist ein in höchstem Maße mißbrauchtes Wort. Dabei repräsentiert Liebe die höchste Höhe menschlichen Daseins. Diese Liebe meint aber keine Scheinliebe. Diese Liebe meint nicht einen bestimmten *Typ* mit schwarzen oder blonden Haaren, mit braunen oder blauen Augen, mit kleinen oder vollen Brüsten.

Wer auf bestimmte Eigenschaften schaut, *schwärmt* bestenfalls für körperliche und seelische Vorzüge. Er ist in bestimmte Eigenarten vernarrt, aber er liebt nicht.

Ein bestimmtes Lächeln, eine tadellose Figur, eine ansprechbare Stimme sind Eigenarten, die man einem bestimmten Typ zuordnet. Den Menschen fasziniert ein Wesen, das Idealvorstellungen und idealen Maßen entspricht.

Wer so liebt oder glaubt zu lieben, liebt einen bestimmen *Typ,* der jederzeit austauschbar ist. Denn solche seelischen und körperlichen Vorzüge sind überall in der Welt zu haben. Gibt es darum so viele Ehebrüche und Liebesenttäuschungen, weil Männer und Frauen sich von Eigenschaften und Eigenarten reizen und anziehen lassen, die sie für *das* Glück und die Erfüllung ihrer Sehnsüchte halten?

Liebe ist nicht übertragbar

Es ist ein Unterschied, ob wir von triebhaften Beziehungen oder von Liebesbeziehungen sprechen. Triebhafte Beziehungen sind in erster Linie Wünsche, die einen bestimmten Körperteil meinen, durch erogene Zonen animiert werden oder die die sexuelle Lust reizen.

Diese Triebhaftigkeit ist übertragbar. Wo Menschen auf die beschriebene Weise angesehen werden, können sie mit sexuellen Wünschen und Begierden reagieren. Sie können sich aufeinander einlassen, ohne daß von Liebe gesprochen werden muß.

Viktor E. Frankl beschreibt diesen Übertragungsvorgang so: „Liebe meint also nicht den wesentlich anonymen Partner, zum Beispiel triebhafte Beziehungen: einen Partner, der durchaus auswechselbar ist mit einem beliebigen Träger identischer Eigenschaften ... Daher kommt es auch, daß, im Gegensatz zur Liebe, bei der Triebhaftigkeit eine sogenannte Übertragung möglich ist, während Liebe sozusagen unübertragbar ist, wovon sich jeder überzeugen kann, sobald er sich fragt, ob er, im Falle des Todes eines Menschen, den er liebt, an dessen Stelle ein Double zu lieben vermöchte, sagen wir die Zwillingsschwester bzw. den Zwillingsbruder des geliebten Wesens. Der Partner einer rein triebhaften Beziehung ist mehr oder weniger anonym. Aber dem Partner einer echten Liebesbeziehung begegnet man durchaus als einer Person – er wird jeweils als ein Du angesprochen." (Viktor E. Frankl, Psychotherapie für Jedermann, Freiburg, 1971, S. 82.)

Das heißt konkret:

– Die vorwiegend triebhafte Beziehung ist anonym. Die Partner können beliebig ausgewechselt werden.

– Liebe meint den Partner in seiner Einmaligkeit und Einzigartigkeit. Er kann nicht ausgetauscht werden.

– Wirkliche Liebe macht nicht blind, das bewirkt höchstens die Verliebtheit, wirkliche Liebe macht klarsichtig und sehend, denn sie liebt dieses unverwechselbare Wesen.

– Wirkliche Liebe bedarf auch der Triebhaftigkeit. Sie bedient sich gewissermaßen der Libido, die der Schöpfer in uns angelegt hat.

– Die wirkliche Liebe ist eine personale Beziehung. Das Ich ist auf ein konkretes Du gerichtet. Die sexuelle Begierde wird dabei in Dienst gestellt.

Triebhaftigkeit ohne Liebe macht impotent

Es ist viele Jahre her, da haben wir in Hamburg, zusammen mit kirchlichen Mitarbeitern, einige Prostituierte von der Reeperbahn zu einem Gespräch eingeladen. Dabei erfuhren wir unter anderem etwas, was wir bisher nicht einordnen konnten. Eine Prostituierte erzählte, daß viele sogenannte „Freier" lediglich kämen, um sich sexuell abzureagieren. Die „Freier" bevorzugten Frauen, die am ehesten ihren Triebwünschen entsprächen. Unmißverständlich sagten uns beide: „Mit Liebe hat das Ganze so wenig zu tun wie die Reeperbahn mit der Kirche."

Und dann kam für uns das Überraschende: Ein Mann, der jede Woche zu einer bestimmten Prostituierten ginge, um sich sexuell zu entlasten, sei nach spätestens einem halben Jahr impotent.

Wie ist das zu verstehen?

Sexuelle Erfüllung ist auf Dauer keine Frage des Drüsenablaufs, sondern eine Frage der Liebe.

– „Wer Lust anstrebt, dem vergeht sie!" (Frankl).

Sexuelles Glück ist in erster Linie ein Geschenk für Menschen, die sich wirklich lieben.

– Sexuelle Erfüllung wird den Liebenden geschenkt, die sich rückhaltlos hingeben können.

– Impotenz spiegelt schwergewichtig ein Liebesproblem, ein Beziehungsproblem und keine organisch begründete Störung wider.

– der „Freier" ist ein extremes Beispiel für Triebbefriedigung ohne Liebe, für sexuelle Abreaktion ohne personales Du.

HARMONISCHE SEXUELLE BEZIEHUNGEN IN DER PARTNERSCHAFT – ACHT VORAUSSETZUNGEN

Gelungene und glücklichmachende sexuelle Beziehungen fallen keinem Ehepaar in den Schoß. Eine Reihe von Grundvoraussetzungen sind wesentlich. Mann und Frau sind
zwei verschiedene Menschen,
zwei verschiedene Geschlechter,
zwei verschiedene Persönlichkeiten,
zwei verschiedene Erlebnisstrukturen,
zwei verschiedene Denk- und Gefühlswesen.

Und diese Verschiedenartigkeit muß aufeinander abgestimmt werden. Beide müssen sich vertragen, beide müssen sich arrangieren und bejahen. Damit bin ich bereits bei der ersten Voraussetzung.

1. Voraussetzung:
Harmonische sexuelle Beziehungen beinhalten gegenseitigen Respekt
Da die Sexualität für den ganzen Menschen wesentlich ist, gibt es auch keine spezielle Sexual-Seelsorge. Glückliche sexuelle Kontakte sind kein Zufallsprodukt, sie sind das Ergebnis eines verantwortlichen Zusammenspiels. Sie sind das Ergebnis von ernsthaften Bemühungen zweier Menschen,
die sich *liebhaben,*
die sich *gutsein* und
die sich *respektieren* wollen.

Ohne Respekt und ohne Rücksichtnahme werden laute und leise sexuelle Wünsche und Sehnsüchte zerschlagen. Die gegenseitigen Kontakte, verbale und nonverbale Bemühungen, sind nicht von Liebesgefühlen getragen, sondern Enttäuschung, Mißtrauen, Ärger und Wut bestimmen die Begegnung.

Respekt heißt: *Ich achte dich, wie du bist.*

Ich respektiere deine Gewohnheiten, dein Gewordensein, deine

Vergangenheit, deine Vorstellungen, deinen Lebensstil, der sich auch im sexuellen Ausdruck widerspiegelt.

Wie sagt Jesus im Neuen Testament:

„Behandelt die Menschen so, wie ihr selbst von ihnen behandelt werden wollt – das ist der Inhalt des Gesetzes und die Lehre der Propheten" (Matth. 7, 12).

Diese „Goldene Regel" für den zwischenmenschlichen Kontakt gilt auch für die Ehe.

2. Voraussetzung:
Harmonische sexuelle Beziehungen beinhalten, auf den Partner einzugehen

Wir sprechen davon, Frau Müller und Herr Müller sind eine Ehe *eingegangen.* Auf den Partner *eingehen* ist leichter gesagt als getan. Wer auf den anderen eingeht, stellt seine egoistischen Pläne zurück. Bei Alfred Adler habe ich einen klugen Gedanken gelesen, der präzise widergibt, was gemeint ist:

„Mit den Ohren des anderen hören,

mit den Augen des anderen sehen,

mit dem Herzen des anderen fühlen."

Jeder Mensch schaut normalerweise durch seine Brille. Durch die Brille seiner Erfahrungen, Vorurteile und persönlichen Wahrnehmung.

Da werden die Gegensätze geboren. So entstehen Widersprüche und Auseinandersetzungen, wenn keiner sich bemüht, seine subjektive Brille abzusetzen. Wer auf seinen Deutungen beharrt, wer seine Erkenntnisse für die allein richtigen hält, geht nicht auf den Lebenspartner ein, er geht gegen ihn vor.

Der Gedanke Adlers ist revolutionierend: Ich gebe mir Mühe, mich in den anderen hineinzuversetzen, den anderen mit seinen „dummen Vorstellungen" zu verstehen, die Gefühlsfrage des anderen ernst zu nehmen und die Denkwege des anderen nachzuvollziehen.

Was geschieht? Rechthabenwollen und Machtkämpfe unterbleiben, und Auseinandersetzungen verringern sich. Die Ehepartner kommen sich näher – auch körperlich.

3. Voraussetzung:

Harmonische sexuelle Beziehungen hängen vom erotischen Klima ab

Erotik ist die *seelische Liebe* der Geschlechtlichkeit. Die Erotik geht auf die *Seele* des Partners ein, sie ist das Fluidum der Sympathie, der Zuneigung und der Zärtlichkeit. Der Eros bringt den seelischen Reichtum in die Partnerbeziehung. Er erzeugt ein wohlwollendes und erwärmendes Klima, auf das besonders die Frau angewiesen ist.

Erotik ist eine Kunst, und eine Kunst hat etwas mit Können zu tun.

Erotische Kunst muß ich *erlernen, trainieren* und *erbeten*. Sie verlangt *Einfühlung, Anstrengung* und *Phantasie*.

Täglich muß ich an ihr arbeiten. Sie muß täglich neu geweckt, gepflegt und kultiviert werden.

Wer wortlos alles hinnimmt, wer die Haushaltsführung und die Kindererziehung als selbstverständlich ansieht, fördert die Gleichgültigkeit und schafft kein erotisches Klima. Entscheidend ist, daß Bewunderung, Lob und Anerkennung echt sind.

Die Erotik ist ausgesprochen menschlich. Das Tier hat keinen Eros. Es ist programmiert und wird von Instinkten und Auslösereizen gesteuert. Das Tier kann keine erotische Liebeskunst erwerben.

Nur der Mensch kann seine erotische Liebe *gestalten*.

Nur der Mensch kann seine erotische Liebe *vervollkommnen*.

Weil der Eros abhanden gekommen ist, gibt es vielfach den werbenden und zärtlichen Mann nicht mehr. An seine Stelle ist der erotische Ingenieur getreten. Ihm spuken Techniken und sexuelle Raffinessen im Kopf herum. Er stürzt auf sein Ziel los und überspringt alle Schranken. Ihm geht es in erster Linie um den sexuellen Akt und nicht um die persönliche Begegnung. Ihm geht es nicht um den Partner, sondern um die Lust. Es ist schon so, was Fachleute immer wieder bestätigt haben:

„Die Frau liebt erotischer als der Mann. Die Frau braucht lebensnotwendig die erotische Beziehung. Der Mann verwechselt häufig Erotik mit Sexualität."

Erotik ist keine Zeitvergeudung, kein überflüssiges romantisches Gehabe, kein nutzloses Drum und Dran, sondern ein lebensnotwendiges Klima als Voraussetzung für zufriedenstellende sexuelle Beziehungen.

Die Erotik ist ein wichtiger Wegbereiter für die körperliche Hingabe.

4. Voraussetzung:
Harmonische sexuelle Beziehungen sind das Ergebnis ganzheitlicher Lebensentfaltung
Jeder Bereich der Ehe, der vernachlässigt wird, untergräbt die sexuelle Harmonie. Selbstverständlich bedeutet sie ein Stück Eingrenzung persönlicher Selbstverwirklichung, aber Ehe beinhaltet auch gemeinsame Interessen, Ziele, Spiele, Freunde sowie den gemeinsamen Glauben und das Gebet.

Gemeinsamkeit ist ein Schlüsselbegriff für eheliche Partnerschaft. Der Grad der Gemeinsamkeit ist ein Barometer für sexuelles Wohlbefinden.

Es geht um Gemeinsamkeiten der *Eheperson.* Sie müssen gepflegt und laufend kultiviert werden. Jeder Abstrich ist ein Abstrich ehelichen Wohlbefindens. Die Vernachlässigung reduziert die Zufriedenheit. Und mangelnde Zufriedenheit beeinträchtigt sofort die sexuelle Harmonie. Wichtig ist, daß sich *beide* Partner Jahr für Jahr Rechenschaft geben über ihre Ehe.

Sind ihre ehelichen Erwartungen noch im Rahmen?

Welche Bereiche wurden vergessen oder vernachlässigt?

Was sind die Gründe, daß bestimmte Gemeinsamkeiten unterlassen wurden?

Welche Anstrengungen wollen beide wieder unternehmen, um die eheliche Harmonie zu verbessern?

Welche eheliche Gemeinsamkeit kann neu entdeckt und entwickelt werden?

5. Voraussetzung:
Harmonische sexuelle Beziehungen sind gewährleistet, wenn die Ehe die Hauptsache ist
Funktionierende sexuelle Aktivitäten sind eine Frage der Priorität. In vielen Ehen schleichen sich falsche Prioritäten ein. Altes und Neues Testament sind sich einig, wenn es um die rechte Gewichtung geht.

„Jesus antwortete: ‚Du sollst den Herrn, deinen Gott, lieben, von ganzem Herzen, von ganzer Seele und mit deinem ganzen Verstand! Dies ist das größte und wichtigste Gebot. Das zweite ist gleich wichtig: Liebe deinen Mitmenschen wie dich selbst!' In diesen beiden Geboten ist alles enthalten, was das Gesetz des Mose und die Lehren der Propheten über Gottes Willen aussagen" (Matth. 22, 37–40).

Gott an die erste Stelle, dann kommt die Ehe, die Partnerschaft. Alle anderen Menschen, auch die Kinder, alle anderen Vorhaben und Interessen kommen später. Den größten Nutzen davon haben die Kinder, denn „die Ehe ist die Achse, um die sich alle Familienbeziehungen drehen. Ist die Achse abgeknackt, sind alle sozialen Beziehungen angeknackt", schrieb die bedeutende amerikanische Familientherapeutin Virginia Satir.

Viele Ehebeziehungen kranken daran, daß Mütter die Kinder zu sehr in den Mittelpunkt gerückt haben. Wo Kinder zum Mittelpunkt werden, ist die Ehe gestört. Väter und Mütter machen sich nicht klar, daß sich in Verhaltensauffälligkeiten der Kinder Ehekonflikte ausdrücken.

Die Kinder tragen die Konflikte der Eltern aus,
die Kinder opfern sich, um die Eltern von ihren Eheschwierigkeiten abzulenken,
die Kinder sind der Umweg, über den Eheschwierigkeiten gelöst werden.

Wo liegt der Fehler, wenn die Kinder an die erste Stelle geraten? Alles geschieht *für* die Kinder, und es geschieht auf Kosten der Ehe. Die Eheleute denken, planen und handeln *für* die Kleinen, sie werden nicht genügend selbständig. Unbewußt werden die Kinder in Abhängigkeit gehalten. Und die Kinder lernen, die Eltern über die Maßen zu beanspruchen. Die Gewichte sind falsch verteilt.

Erst kommt die Ehe, dann kommen die Kinder, das ist gottgewollt. Denn Kinder werden Vater und Mutter verlassen. Die Familie löst sich auf, das gehört zur Schöpfungsordnung Gottes. Die Ehe ist unauflöslich. Die Ehe ist die Achse, um die sich alle anderen Beziehungen gruppieren. Zwei Menschen, die sich Zeit füreinander nehmen, die Zeit füreinander haben und die der Stabilität der Ehe den Vorrang einräumen, werden sich selten über sexuelle Disharmonie beklagen.

6. Voraussetzung:

Harmonische sexuelle Beziehungen gelingen, wenn den Eheleuten nicht andere Dinge wichtiger sind

Wer sexuelles Glück kleinschreibt, hat ständig Wichtigeres zu tun. Er schiebt auf und vor sich her. Bei einem amerikanischen Eheberater las ich folgende überraschende Gedanken:

„Glück ist, wenn der Hund stirbt und das letzte Kind das Haus verläßt. Besser jetzt als nie. Die Grundlage für sexuelles Glück in der Ehe ist das Handeln, nicht der Vorsatz. Wir scheinen immer auf die Zeit zu warten, wenn die Kinder aus dem Gröbsten heraus sind, die Zimmerdecke gestrichen und das Konto ausgeglichen ist. Die Zeit kommt nie. Die Ehepaare in meiner Praxis schildern dieses Phänomen in einer ‚Dreierfolge‘, das heißt, wir machen Sex, wenn erstens die Kinder schlafen, zweitens wir zu Bett gehen wollen und drittens nichts mehr zu tun ist. Ganz oder gar nicht! „Wir müssen nicht so leben, als gäbe es kein Morgen mehr, aber wir sollten so phantasievoll lieben, als gäbe es für uns nur ein Jetzt." (Aus: Dr. Paul Pearsall, Wenn Ihre Ehe erotisch bleiben soll, Das Beste 9/1988, S. 47.)

In der Ehe geht es nicht um eine „Triebbefriedigung" um jeden Preis. Das Wort Triebbefriedigung ist sowieso der unangebrachteste Ausdruck, den wir als Christen verwenden. Es geht um das gemeinsame Glück, um Harmonie auf den verschiedensten Ebenen. Der körperlich-sexuelle Austausch ist nicht in erster Linie ein Drüsenproblem, sondern der dichteste Ausdruck gegenseitigen Verstehens und wirklicher Liebe. Wem alle anderen *Dinge* wichtiger sind, gibt damit zu verstehen, welchen Stellenwert der Lebenspartner einnimmt. Der falsche Verzicht und die falsche Rücksichtnahme, das Erledigen von tausend Dingen *neben* der Ehe demonstrieren einen bedenklichen Lebensstil, den beide Partner vor sich, vor den anderen und vor Gott überprüfen sollten. Selbst der ehelose Paulus rät den Christen in Korinth:

„Der Mann soll seine Frau nicht vernachlässigen, und die Frau soll sich ihrem Mann nicht versagen" (1. Kor. 7, 4). Die Vernachlässigung beinhaltet:

Meine Hobbys sind mir wichtiger als der Partner.

Meine Kinder sind mir wichtiger als der Partner.

Meine saubere Küche ist mir wichtiger als der Partner.

Die Zeitung ist mir wichtiger als der Partner.

Die Wäsche, die geputzten Fenster, die Fachzeitschrift, das gewaschene Auto usw. haben Vorfahrt.

Vernachlässigung ruft Abwehr, Lieblosigkeit, Ärger und Bitterkeit hervor. Alles Symptome, die sich seelisch, körperlich und geistlich rächen. Wer sich bei diesen oder ähnlichen Verhaltensmustern ertappt, muß wissen, daß er ehefeindlich handelt, daß er das körperlich-sexuelle Einssein blockiert.

7. Voraussetzung:
Harmonische sexuelle Beziehungen gelingen, wenn beide Ehepartner ihre Lebensveränderungen bejahen

Von Bertolt Brecht stammen die berühmten Geschichten des Herrn Keuner. Brecht hat diesem erdachten Menschen unzählige Weisheiten und moralische Sinnsprüche in den Mund gelegt. Eine Geschichte lautet:

„Ein Mann, der Herrn K. lange nicht gesehen hatte, begrüßte ihn mit den Worten: ‚Sie haben sich gar nicht verändert!' – ‚O', sagte Herr K. und erbleichte."

Es ist keine Auszeichnung, sich nicht verändert zu haben. Ein Mensch ohne Änderung und Wachstum wirkt lieblos und starr. Der Mensch bleibt nicht stehen, auch in der Ehe nicht. Leben ist Wachstum, Reife und Fortschritt. Wir schreiten fort von einem Lebensabschnitt zum anderen, und wir verändern uns. Keiner bleibt der gleiche. Selbstverständlich schimmert unser Lebensstil durch alle Lebensstadien hindurch. Alle Lebensgrundüberzeugungen und Leitideen werden nicht von heute auf morgen abgelegt. Und doch geschieht unaufhörlich eine Wandlung des Geschmacks, eine Veränderung in der Kleidung, eine Weiterentwicklung im Glauben, eine Fortentwicklung von alten Lieblingsvorstellungen weg. Wir sagen:

„Du bist nicht mehr der Alte!"

„Ich erkenne dich nicht mehr wieder!"

„Du hast dich toll verändert!"

„Du bist mir fremd geworden!"

„Ich kann dich überhaupt nicht mehr verstehen!"

Ist der Veränderungsprozeß am anderen vorbeigegangen? Haben sich die Ehepartner auseinandergelebt? Waren sie zu wenig aufeinander bezogen? Wer den Umwandlungsprozeß des anderen nicht nachvollziehen kann, muß innerlich von ihm getrennt gewesen sein. Sie lebten beieinander, aber nicht miteinander.

Ehe heißt, gemeinsam sich verändern,
Ehe heißt, Wandlungen des anderen ernst nehmen,
Ehe heißt, Veränderungen mitvollziehen,
Ehe heißt, Umwandlungen gemeinsam verarbeiten.

Wir müssen lernen, uns im Lauf unserer Ehe mehrmals auf einen neuen veränderten Menschen einzustellen. Wer das kann, gestaltet die Ehe zu einer harmonischen Partnerschaft. In ihr finden – wie selbstverständlich – zufriedenstellende körperliche Beziehungen statt.

8. Voraussetzung:
Harmonische sexuelle Beziehungen sind die Widerspiegelung wirklicher Liebe

Harmonie auf allen Gebieten ist ein Geschenk der Liebe. Das Wort Liebe gehört allerdings zum mißbrauchtesten Begriff der deutschen Sprache. Was verstehen wir nicht alles unter Liebe:

Liebe zu Vater und Mutter, Autos, antiken Möbeln oder Bratkartoffeln, Liebe zum Bankkonto, zur Prostitution, zum Ehepartner und Liebe zu Gott.

Abgründe tun sich in diesen Liebesbeziehungen auf. Sie unterscheiden sich wie Himmel und Hölle. Das Höchste und das Platteste, das Schönste und Gemeinste drücken wir in diesem einen Wort aus. Unsere irdische, menschliche und eheliche Liebe ist nur ein sehr, sehr unvollkommener Abglanz der göttlichen Liebe. Am eindrücklichsten wird sie im 1. Korintherbrief im 13. Kapitel beschrieben. Unmißverständlich wird sie als Charisma, Gnadengabe und Geschenk Gottes charakterisiert. Wir können sie nicht produzieren, wir können sie nicht nachmachen, wir können sie aus eigener Kraft nicht leisten. Gottes Kraft kann sie in uns wirken.

Unsere irdische Liebe ist *egoistisch,* selten *langmütig,* hat *keinen langen Atem,* ist *eifersüchtig,* ist oft *ungeschickt,* sucht auch den *eigenen Vorteil, erduldet nicht alles, glaubt nicht alles* und *hofft nicht alles.*

Unsere Liebe ist lückenhaft, unvollkommen und bruchstückhaft. Um so mehr brauchen wir Seine Liebe als Geschenk. Die Agape Gottes, die Liebe Gottes, ist eine uneigennützige wohlwollende Liebe, eine Liebe von göttlicher Qualität. Unsere ehelichen Partnerschaften lassen diese vollkommene Liebe vermissen. Durch alle Ritzen schleichen sich ich-süchtige Vorstellungen hinein. Wir können es nicht leugnen, unsere menschliche Liebe ist materiell, selbstsüchtig, auf Sympathie angelegt, mit Erwartungen gefüllt und mit Begierden durchsetzt.

Die Liebe aus Christus ist eine grundlose Liebe Gottes zu uns Menschen. Sie macht die Liebe nicht

von besonderen *Werten,*

von besonderen *Erwartungen,*

von besonderen *Bedingungen* abhängig.

Wir werden geliebt um unserer selbst willen. Wir werden geliebt, *weil wir da sind.*

Wie leicht ist unsere eheliche Liebe aus dem Tritt zu bringen. Durch Rücksichtslosigkeiten, durch Untreue, durch Unzuverlässigkeit und Ungeduld kann sie gefährdet werden. Eheleute, die diese Kraftquelle Christi in Anspruch nehmen, können durch seine Liebe gereinigt, geheiligt und gestärkt werden. Wir werden befähigt, Beleidigungen und erfahrene Kränkungen nicht heimzuzahlen. Wir können Versäumnisse und Fehler des Partners leichter in Kauf nehmen. Wir reagieren freundlicher auf schlechte Behandlung und versuchen, Häßliches mit Liebe zu vergelten.

Gottes Liebe mindert unseren Stolz und unsere Arroganz.

Gottes Liebe vermittelt uns die Kraft, die eigenen Interessen zurückzustellen.

Gottes Liebe läßt uns nicht zu Schadenfreude hinreißen.

Gottes Liebe macht uns gelassener, stillschweigend Dinge zu ertragen, die uns aufregen.

Gottes Liebe schenkt uns mehr Vertrauen zum Partner.

Gottes Liebe ermutigt uns jeden Tag neu zur Hoffnung, miteinander Ehe und Partnerschaft zu gestalten.

Diese Liebe aus Christus, durch Christus und mit Christus ist eine unerschöpfliche Kraftquelle für den Ehealltag. Sie erfaßt alle Lebensbereiche, beeinflußt den gesamten Lebensstil und bewirkt, daß *auch* der Austausch körperlich-sexueller Zärtlichkeiten beglückend erlebt wird.

Die Eheleute müssen darauf achten, daß sie sich nicht destruktiv in die Hände spielen: Bei Reibungen, Auseinandersetzungen, Konflikten und sexuellen Störungen spielen sich zwei Partner ständig in die Hände. Beide Parteien spielen perfekt zusammen, ergänzen sich und halten den Konflikt aufrecht.

Wie können die Interaktionsmuster aussehen?

Wie stellen sich zerstörerische Hand-in-Hand-Spiele dar? Es ist ein Gesetz der Physik, aber auch eine Beobachtung im zwischenmenschlichen Leben:

Druck erzeugt Gegendruck,

Schläge provozieren Gegenschläge,

Unrecht fordert größeres Unrecht heraus.

 Schauen wir uns einige Beispiele an:

– Der eine will *Nähe,* der andere will *Distanz.* Der eine braucht Tuchfühlung, der andere braucht Abstand. Die Bedürfnisse sind verschieden. Die Lebenserfahrungen weichen voneinander ab. Je konsequenter beide ihre Wünsche vertreten, desto schärfer wird die Auseinandersetzung.

– Der eine übernimmt *Verantwortung,* der andere spielt den Drückeberger. Ein Partner kümmert sich um alles, der andere gibt gern das Heft aus der Hand und läßt sich verwalten. Zweifellos hat der eine Partner Freude an der Verantwortung, der andere freut sich, wenn ihm alles abgenommen wird. Beide haben sich gesucht und gefunden und beide ergänzen sich. Beide spielen perfekt zusammen. Erst wenn der eine *alles* verantworten muß und der andere *alles* dem Ehegefährten überläßt, wird das Interaktionsspiel gefährlich. Die Unzufriedenheit steigert sich, und im Bett werden die massiven Gegensätze ausgetragen. Störungen auf dem Gebiet der körperlichen Sexualität sind die Antwort des einen auf die Machenschaften des anderen.

— Der eine will *reden,* der andere will *schweigen.* Frau X. hat einen Partner gesucht, dem sie *alles* erzählt und mit dem sie *alles* austauschen kann. Herr X. sieht das ganz anders. Er will eine Arbeitsgemeinschaft, aber keine Schwatzgemeinschaft. Ihm schwebt vor, mit der Partnerin ein Haus zu bauen, eine Familie zu gründen. Er will mit ihr gemeinsam was unternehmen, aber nicht Nebensächlichkeiten besprechen. Für Bagatellen hat er keine Antenne. Er schaltet sofort ab. Sie denkt laut, er denkt nach innen, sie will im Gespräch klären, er will durch Nachdenken klären, sie redet und er schweigt, sie empfindet die Ehe zunehmend als Belastung und weicht ihm sexuell aus, er versteht die Welt nicht mehr.

Der Stärke der Reaktion auf der einen Seite entspricht eine Stärke der Aktion auf der anderen Seite. Je destruktiver die Interaktionen, desto gestörter die eheliche Gemeinschaft. Die Sexualität ist ein feines Barometer für die „Luftverhältnisse" in der Ehe.

Aber auch das muß gesagt werden: Ich kann die Muster, die eben beschrieben wurden, auch umdrehen, dann wird deutlich, daß nicht eine Partei dafür verantwortlich ist. Zum Beispiel der eine trägt Verantwortung, dann trägt sie der andere nicht. Oder umgekehrt: Weil der eine keine Verantwortung übernimmt, glaubt der andere, sie unbedingt übernehmen zu müssen. Weil der eine so *gewissenhaft* ist, er kann die Verantwortung nicht abtreten, kann der andere sie beruhigt liegenlassen.

In der Seelsorge sagt ein Mann zu mir: „Meine Frau will immer das letzte Wort behalten." Was heißt dieser Vorwurf im Klartext?
Er will das letzte Wort haben,
er will bestimmen,
er kämpft mit ihr,
er wird wütend,
er regt sich auf.

Zum Rechthabenwollen gehören zwei, der eine, der um sein Recht kämpft, und der andere, der es ihm streitig macht. Immer geht es um ein perfektes Interaktionsspiel.

Was wird an diesen Beispielen deutlich?

1. Jeder setzt sich auf seine Weise durch.
   Jeder verstärkt seine Methode.
   Jeder beharrt auf seinem Recht und verteidigt seine Position.
   Ein perfektes Hand-in-Hand-Spiel ist installiert, das Gleichgewicht der Ehe kommt ins Wanken.
2. Es geht nicht darum, wer die größere Schuld hat in dem Hand-in-Hand-Spiel, es geht darum, daß jeder seinen Anteil erkennt.
   Wozu muß ich so reagieren?
   Wozu will ich kämpfen?
   Wozu muß ich mitspielen?
   Wozu kann ich etwas nicht stehen lassen?
3. Je größer die charakterlichen Gegensätze und die Bedürfnisse, desto negativer das Zusammenspiel. Denn der Punkt der Anziehung kann zum Punkt des Konfliktes werden. Gegensätze ziehen sich an. Gegensätze sind fruchtbare Ergänzungen, können aber auch die Reibungsflächen erhöhen. Je neurotischer ein Partnerverhalten, desto extremer das Verhalten seines Gegenübers.
4. Dieses Hand-in-Hand-Spiele können zu Machtkämpfen ausarten. Jeder versucht sich mit seinen Methoden zu behaupten. Jeder straft im Grunde den anderen mit seinem Verhalten. Jeder bestraft den anderen für dessen Verhalten. Machtkämpfe sind aber kein harmloser Ehesport, sondern zerstören die Gemeinschaft und töten die sexuellen Bedürfnisse.

Was können die Ehepartner tun?

Sie müssen das destruktive Zusammenspiel *unterbrechen,* die negativen Hand-in-Hand-Spiele aufgeben und ihre Ziele ändern.

Spielen wir noch einmal den Ehestreit durch. Es ist wenig hilfreich, bei Streit zu sagen: „Laß das Streiten sein!" Warum fruchten solche Appelle nicht?

Die Partner haben sich die Ziele, die Motive und die unbewußten

Wünsche des Streites nicht bewußt gemacht. Wozu benutzen beide den Streit? Was wollen sie mit Streit bezwecken?

Ich nenne vier Möglichkeiten, vier irrige Ziele:

Irriges Ziel Nr. 1: Entschuldigung für eigene Mängel
Ich *rechtfertige* mich, weil ich glaube, der andere hat mich angegriffen. Mein Bedürfnis ist, mich reinzuwaschen, der beste Weg, dem anderen die Schuld zuzuweisen. Ich entschuldige mich, weil ich als Kind bei meinem strengen Vater ständig den Mund zu halten hatte. Durch den Vater bin ich vorgeschädigt und will heute auf keinen Fall mehr schweigen.

Ich will kämpfen, mich durchsetzen und nicht feige den Mund halten. Ich muß kämpfen, weil ich mich sonst nicht mehr ertragen kann. Du wirst das doch verstehen, oder?

Eine Ratsuchende sagt:

„Ich bin eine Frau und kann im Zeitalter der Emanzipation nun unmöglich ständig zurückstecken. Wer den Mund hält, gibt sich auf. Wer nicht kämpft, hat schon verloren. Ich kann es im Tod nicht leiden, daß der andere immer recht haben soll."

Wer dieses irrige Ziel aufgeben will, muß die biblische Wahrheit lernen, daß Selbstrechtfertigung Sünde ist. Wie sagte der Wuppertaler Theologieprofessor Rainer Röhricht:

„Der Verzicht auf Rechtfertigung ist der erste Schritt zur Heiligung."

Christus hat uns ein Vorbild gegeben mit Seinem völligen Verzicht auf Rechtfertigung. Wer sich rechtfertigt, klagt sich an. Er will für sein Fehlverhalten keine Verantwortung übernehmen.

Irriges Ziel Nr. 2: Überhöhte Aufmerksamkeit gewinnen
Ein Partner beginnt Streit, um gehört zu werden. Es gibt einen amerikanischen Buchtitel, der lautet „Streiten verbindet!".

In der Tat,
– wer Streit beginnt, sucht Kontakt,
– wer Streit anfängt, will mit dem anderen ein Problem klären,
– wer Streit auslöst, kann es nicht ertragen, daß Konflikte durch Schweigen erledigt werden.

Der Streitsüchtige provoziert, um den Partner zum Kampf heraus-
zufordern. Auch wenn laut und heftig diskutiert wird, Hauptsache die
Schwierigkeit wird *in Angriff genommen*. Die Sprache deutet präzise,
was dem Streitsuchenden am Herzen liegt. Der Streitvermeider steht
fassungslos davor, wenn ihm der Partner eröffnet, daß ihm ein
handfester Disput lieber ist als ein schweigendes Ausweichen. Wer
Streit sucht, sollte dieses irrige Ziel kennen. Der dazugehörige Partner
ist in der Regel ein Harmonisierer und Vermittler. Er weicht aus und
läuft vor den Problemen davon, immer in Angst, der Streit könnte
eskalieren. Wer dem Partner vermitteln kann, daß er dringend Probleme besprechen und klären muß, braucht keinen Streit vom Zaun zu
brechen, um sich Aufmerksamkeit zu verschaffen.

Irriges Ziel Nr. 3: Machtkampf
Streit kann noch ein anderes Ziel verfolgen, nämlich Macht und
Überlegenheit zu demonstrieren. Hinter manchem handfesten Streit
verstecken sich Herrschaft und Rechthaberei. Jeder will dem anderen
zeigen,
– wer recht hat,
– wer Herr im Hause ist,
– wer zu bestimmen hat.
    An welchen Aussagen kann man den Machtkampf ablesen?
„Das lasse ich mir nicht bieten!"
„Ich kapituliere nie!"
„Ich habe doch vor dir keine Angst!"
„Ich weiche keinen Millimeter zurück!"
    Alle möglichen Dinge können Streit und Machtkampf auslösen.
Zum Beispiel das Geld.
    Wer darf es verwalten? Wer teilt es nach Gutdünken und ohne
Absprachen ein?
    Auch die Sexualität kann als *Machtmittel* benutzt werden. Wer sich
enthält, übt Macht aus, wer sich enthält, übt Druck aus. Er will unter
Umständen den anderen erpressen. Wer den Machtkampf beenden
will, sollte das Wort Jesu beherzigen, es gilt auch für die Ehe: „Wer bei
euch der Erste sein will, soll der Sklave aller sein" (Mark. 10, 44).
    Was heißt das?

Ehe beinhaltet Partnerschaft und keine Herrschaft,
ein Miteinander und kein Gegeneinander,
Dienen und nicht Macht,
Füße waschen und nicht Köpfe waschen.

Irriges Ziel Nr. 4: Rache und Vergeltung
Die irrigen Ziele sind in dieser Reihenfolge Steigerungen der Ausein-
andersetzungen. Rache und Vergeltung sind der Höhepunkt des
Kampfes.

Ein Partner fühlt sich zutiefst verletzt und übt Vergeltung. Er sieht
sich schwer gekränkt und plant Rache. Der Streit ufert unkontrolliert
aus und kann die Basis der Ehe zerstören.

Womit kann sich der Partner rächen?
Durch *Fremdgehen.* Er verheimlicht seinen Ehebruch nicht. Der
Partner soll offen gekränkt werden.
Durch *Selbstmorddrohungen* und Selbstmordversuche. Die Welt soll
es wissen, wie tief der andere den Suizidanten gekränkt hat.
Durch *Schlechtmachen* in der Gemeinde. Der Ruf des anderen wird
untergraben.
Durch *Lächerlichmachen.* Der Partner soll mit allen Mitteln herabge-
setzt werden.
Durch *Flucht in die Arbeitslosigkeit.*
Durch *Krankheit.*
Durch Flucht in *Drogenabhängigkeit* usw.

Wenn der Mensch aufs äußerste gereizt wird, plant er die schäbig-
sten Vergeltungsschläge. Ausdrücklich wird den Christen im Wort
Gottes die Rache untersagt.

„Rächt euch nicht selber, liebe Brüder, sondern laßt Raum für den
Zorn Gottes; denn in der Schrift steht: Mein ist die Rache, Ich werde
vergelten, spricht der HERR" (Röm. 12, 19).

Rache ist wie Öl, das ins Feuer gegossen wird, Rache vergrößert
das eheliche Unheil, Rache zerstört.

Solche schweren Ehestörungen lassen sich in der Regel nur durch
seelsorgerliche Vermittler heilen. Die Wunden, die sich die Ehepartner
geschlagen haben, sitzen zu tief. Eheleute, die diese destruktiven
Hand-in-Hand-Spiele betreiben, sollten sich folgende Fragen stellen:

- Welche Ziele und Motive stecken hinter Ihren Hand-in-Hand-Spielen?
- Sind beide bereit, ihre liebsten und ehestörenden Verhaltensmuster aufzugeben?
- Welche positiven Ziele können als Lösung für die Konflikte gefunden werden?

Irrige Ziele und Fehlverhaltensmuster sind ehefeindliche und geistlich lieblose Strategien. Das sexuelle Zusammenspiel ist gestört.

Wer die irrigen Ziele *erkennt,* wer die destruktiven Muster *genau bezeichnen kann,* wer die Kraft des Heiligen Geistes für die Kurskorrektur *erbeten* will, der wird Hilfe erfahren, dessen Ehe wird auch harmonische sexuelle Beziehungen widerspiegeln.

FREUDE AM SEX IN DER EHE – SIEBEN DENKANSTÖSSE

Es sind keine Patentrezepte, die sofort alle Eheschwierigkeiten, die mit sexuellem Frust zu tun haben, lösen. Es sind Überlegungen, die helfen, das Eheklima zu verbessern, die Spannungen zwischen den Eheleuten zu verringern und das frostige Klima der körperlichen Intimbeziehungen zu erwärmen.

Denkanstoß Nr. 1: Sehen Sie das Positive!
Viele Ehepartner sind auf das Negative abonniert. Sie suchen die Fehler und nicht die Stärken. Sie konzentrieren sich auf die Mängel und nicht auf die Vorzüge. Die Blickrichtung ist verkehrt. Die Kritiksucht bestimmt das Denken. Daß dadurch die Freude für den körperlichen Intimaustausch erheblich geschmälert wird, muß dem verstocktesten Ehepartner einleuchten.

Einige Fragen zur Selbstprüfung, die Ihnen vielleicht helfen:
Wozu konzentrieren Sie sich auf das Negative?
– Wollen Sie die *vollkommene* Ehe?
– Sind Sie ein *Perfektionist,* der nur das Hunderprozentige akzeptieren kann?
– Wollen Sie Ihren Partner durch *Kritik* zu größerer Liebe anstacheln?
– Benutzen Sie Ihre *Kritiksucht,* um sich den Partner sexuell vom Halse zu halten?
– Fliehen Sie in die *Unzufriedenheit,* um ein Alibi zu haben, den Partner zu bestrafen?

Paulus spricht im Korintherbrief von der Liebe, die das Positive sieht und nicht im Negativen herumwühlt. Bei ihm heißt es: „Wer liebt, hat Geduld. Er ist gütig und ereifert sich nicht; er prahlt nicht und spielt sich nicht auf. Wer liebt, ist nicht taktlos, selbstsüchtig und reizbar. Er trägt keinem etwas nach. Er freut sich nicht, wenn der andere Fehler macht, sondern wenn er das Rechte tut" (1. Kor. 13, 4–6).
Wer das Positive sehen will, findet es,
wer sich nicht entmutigen läßt, baut auf, und
wer sich über das Gute freut, fördert die eheliche Harmonie.

Denkanstoß Nr. 2: Sagen Sie zu Ihrem Partner und zu Ihrer Ehe ja!
Wer seinen Partner und seine Ehe in Frage stellt, nährt die Unzufriedenheit. Er vergleicht sich mit glücklicheren Paaren. Neidisch schaut
er auf das traumhafte Paar von nebenan.

Was tut er?

– Er hat sich von seinem Partner abgewandt.

– Er flieht und hält sich einen Fluchtweg offen.

– Er pflegt sein Selbstmitleid und macht sich beziehungsunfähig.

Viele Christen sagen mit dem Kopf ja, aber in der Tiefe ihrer
Existenz sind sie zerspalten. Sie wollen die Ehe aufrecht erhalten,
obschon ihr *Handeln* den Spaltpilz fördert. Sie handeln zerrissen und
wundern sich, daß die Beziehung immer schwieriger wird. Wer liebt,
muß mit seiner ganzen Persönlichkeit zum anderen ja sagen. Die
Eheleute, die rückhaltlos zum Partner ja sagen, demonstrieren eine
aktive Hinkehr zum anderen und verringern die eheliche Distanz. Wer
nicht zum Partner ja sagt, kultiviert den Zweifel. Und der Zweifel
stammt vom Teufel, der schon im Paradies zum ersten Male Zwie-
tracht unter die ersten Menschen säte. „Sollte Gott gesagt haben?"
Der Zweifel hat eine zerstörerische Macht.

Vielleicht habe ich einen Fehler gemacht, diesen Menschen zu
heiraten!

Vielleicht habe ich unter Niveau geheiratet?

Vielleicht hätte ich mich weiterentwickelt, wenn ich eine andere
gewählt hätte?

Vielleicht ist unser Liebesleben nicht mehr wie früher?

Vielleicht hätte ich überhaupt nicht heiraten sollen!

Wer so denkt, wird hingabeunfähig und blockiert die körperliche
Harmonie. Wer in seinen Gefühlen zum Partner hin- und hergerissen
wird, sollte einen Fachseelsorger aufsuchen. Wer Zweifel und Frage-
zeichen nährt und tatenlos schweigt, belügt sich, seinen Partner und
Gott.

Denkanstoß Nr. 3: Klären Sie Ihre Nähe- und Distanzbedürfnisse
Körperlich-sexuelle Störungen können auch durch unterschiedliche
Nähe- und Distanzbedürfnisse hervorgerufen werden. Zufriedenstel-
lende sexuelle Intimbeziehungen zeigen sich in der Ausgewogenheit

von Nähe und Distanz, von Innigkeit und Abstand, von Herzlichkeit und Sachlichkeit.

Der *Sachtyp* und der *Herztyp* – etwas grob gezeichnet – haben unterschiedliche Bedürfnisse nach Nähe und Distanz. Der eine braucht den *ständigen* Austausch der Gedanken und Gefühle, der andere sucht den Abstand, um im Inneren zu klären.

Der eine nimmt viel Platz ein und erdrückt den Partner,
ein anderer wird *überfahren*.

Ein Glied der Familie wird *links liegengelassen,* ein anderes fühlt sich ständig *vereinnahmt*.

Die Lebensgrundbedürfnisse sind verschieden, der eine braucht verbalen Austausch, braucht Transparenz, Offenheit und Echo, der andere regelt die Dinge im Innern, er macht alles mit sich ab. Unsere Beziehungsmuster haben wir in unseren Ursprungsfamilien trainiert. Dort wurden uns bestimmte Umgangsstrategien wichtig, dort haben wir ein mehr positives oder ein mehr negatives Miteinander eingeübt.

Was können die Partner tun?

1. Sie machen sich Ihre Bedürfnisse nach Nähe und Distanz bewußt
Was genau erkannt wird, ist leichter zu korrigieren, denn unbewußte Verhaltensmuster tyrannisieren den Partner, und unerkannte Beziehungsstrategien können auch geistlich nicht in Arbeit genommen werden.

2. Sie suchen nach Kompromissen, die beide befriedigen
Über Nähe- und Distanzprobleme können beide Partner nicht objektiv verhandeln. Aufgrund ihrer Lebenserfahrungen bewerten beide ihre Muster unterschiedlich.

Auch ein unabhängiger Seelsorger kann für Nähe und Distanz keine objektiven Maßstäbe aufstellen.

Nur Kompromisse, die die Erwartungen und Wünsche *beider* Partner berücksichtigen, sind hilfreich.

Sexuelle Harmonie spiegelt einen Kompromiß zwischen Nähe und Distanz wider.

Ohne Kompromisse ist ein Zusammenleben nicht denkbar, es verhärten sich die Fronten, und es entstehen Probleme auf der körperlichen Intimebene.

Denkanstoß Nr. 4: Suchen Sie nach dem Problem hinter dem Problem!

Die meisten Probleme in der Ehe haben eine *Wurzel.* Die ins Auge springenden Schwierigkeiten sind in der Regel nur die üppig wuchernde Pflanze oberhalb der Erde. Ohne Bild gesprochen: Die meisten vordergründigen Probleme sind lediglich *Symptome,* sind Anzeichen für tieferliegende Konflikte:

Der Mann kriegt einen Tobsuchtsanfall,

die Frau reagiert tief verletzt,

der Mann geht fremd,

die Frau wird frigide,

ein Partner bekommt Depressionen.

Fast immer spiegeln die Symptome *Beziehungskrisen* wider. Der Seitensprung, das sexuelle Desinteresse, berufliche Schwierigkeiten, die Flucht in die Arbeit und auch mangelnde Gesprächsbereitschaft sind *Symptome.* Sie verraten tieferliegende Dissonanzen.

Was können die Partner tun?

1. Krankheiten und Probleme als Anfrage an die Ehe verstehen
Welche ungestillten Erwartungen und Bedürfnisse kommen in den Symptomen zur Sprache?
Was drückt der Mensch mit seinen Krankheiten aus?

2. Ziehen Sie einen unparteiischen Dritten zu Rate, der den Problemen auf den Grund geht.
Jemanden, der die „Sprache" der Symptome versteht und die unverstandenen Motive ins Licht hebt.
Wie sagt der Psalmist:

„Solange ich Schweigen übte, verzehrte sich mein Leib, weil es unaufhörlich in mir schrie; denn bei Tag und bei Nacht lag schwer auf mir deine Hand. Mein Lebenssaft verdorrte wie durch Sonnengluten" (Ps. 32, 3–4).

Wer *schweigt,* verschlimmert seine Symptome,

wer *verdrängt,* belügt sich und seinen Ehegefährten,

wer *bekennt,* was seine Symptome ausdrücken, bekommt inneren und äußeren Frieden, er arbeitet an seinem eigenen und dem Gleichgewicht der Ehe.

Denkanstoß Nr. 5: Sprechen Sie über Ihre sexuellen Wünsche und Bedürfnisse!
Benutzen Sie die folgenden Fragen!

Kann ich mit meinem Ehepartner über mein sexuelles Erleben und meine sexuellen Wünsche sprechen? Zutreffendes ankreuzen!
- [ ] ja, ohne Schwierigkeiten
- [ ] ja, in besonderen Situationen
- [ ] gelegentlich
- [ ] nein, nur manchmal
- [ ] fast nie

Wie zufrieden bin ich mit der Antwort, die ich eben gegeben habe?
- [ ] zufrieden
- [ ] unsicher
- [ ] unzufrieden

Was möchte ich auf diesem Gebiet ändern?

Welche Möglichkeiten habe ich dazu?

Wie zufrieden bin ich mit meinem eigenen sexuellen Erleben in meiner Partnerschaft?
- [ ] sehr zufrieden
- [ ] zufrieden
- [ ] teils zufrieden
- [ ] unzufrieden
- [ ] sehr unzufrieden

Worauf führe ich das zurück?

(Aus: Eheberatung, Traugott Ulrich Schall, 1983)

Hinweise für Ehepartner, die den Fragebogen benutzen

1. Der Fragebogen ist nicht für Fachleute bestimmt, sondern für Eheleute, die sich über ihre sexuellen Schwierigkeiten selbst Klarheit verschaffen wollen.

2. Unklare und unpräzise Gefühle und Vorstellungen verhindern eine Diagnose und unterbinden wirkliche Hilfe.

3. Wer um Hilfe für seine Ehe betet und nicht gleichzeitig ehrlich und aufrichtig sich selbst in seiner Beziehung zum Ehepartner befragt, handelt heuchlerisch.

4. Der Fragebogen ist als Hilfe zur Selbsthilfe gedacht. Der Fachseelsorger sollte dann in Anspruch genommen werden, wenn die eheliche Selbstanalyse zu keinem Ergebnis führt, die Hintergründe von sexuellen Konflikten dunkel bleiben und keine hilfreichen Lösungen von den Ehepartnern selbst praktiziert werden können.

5. Hilfreich ist es, wenn jeder Partner für sich einen Bogen ausfüllt und sich dann mit dem Partner zusammensetzt, um über die angekreuzten Aussagen ins Gespräch zu kommen.

6. Die Antworten in dem Fragebogen dienen dem Partner *nicht* dazu, *gegen* ihn zu argumentieren, sondern seine Bedürfnisse, Wünsche und Erwartungen ernst zu nehmen. Die schriftlichen Anhaltspunkte sind Hinweise, sich *ganz* in die Empfindungen des Partners einzufühlen.

7. Selbstverständlich kann der Fragebogen *auch* benutzt werden, um mit einem Fachseelsorger über Motive, Hintergründe und Ängste im Zusammenleben zu sprechen.

Denkanstoß Nr. 6: Stellen Sie die „Vermeidungsfrage" als diagnostische Hilfe in der Eheberatung
Speziell für *Seelsorger* gibt es eine Diagnosetechnik, die sehr simpel erscheint, aber auch bei sexuellen Problemen ausgesprochen aufschlußreich wirkt. Alfred Adler hat sie entwickelt und wendet sie bei allen neurotischen und psychotischen Symptomen an. Die Frage an den Ratsuchenden lautet:

„Was würden Sie tun, wenn ich Sie in kurzer Zeit heilen könnte?"
Oder:
„Was würden Sie beginnen, wenn Sie das Problem nicht hätten?"

Was immer der Ratsuchende antwortet, ist ein Hinweis auf sein Problem. Er zeigt uns die Strategien, die der Betreffende verwendet, um sich vor den Aufgaben zu drücken, die ihm gestellt sind. Die Antworten vermitteln uns die Ausweichmanöver des Ratsuchenden und seine speziellen Selbstwertstörungen und Beziehungsschwierigkeiten. Wie können solche Antworten lauten, die die betroffenen Frauen und Männer formulieren:

– Wenn ich die Impotenz nicht hätte, würde mein Wert als Mann nicht so leiden.
– Wenn ich meine Impotenz nicht hätte, würde ich mich meiner Frau gegenüber als wirklich gleichwertig empfinden.
– Wenn ich die Erektionsstörungen nicht hätte, könnte ich mich als Mann besser durchsetzen und meinem geistlichen Auftrag besser gerecht werden.
– Wenn ich die Frigidität nicht hätte, könnte ich mich meinem Mann besser ausliefern.
– Wenn ich die Frigidität nicht hätte, müßte ich mich selbst nicht so kontrollieren.
– Wenn ich die Frigidität nicht hätte, könnte ich meinen Mann besser annehmen.

Einige Anmerkungen für den seelsorgerlichen Prozeß:

1. Alle Antworten von Männern und Frauen sind Hinweise auf ihr spezielles Problem. Jeder gibt seine lebensstiltypische Antwort. Für den einen ist sein *Wert als Mann* ausschlaggebend, der Seelsorger muß sich also in erster Linie mit diesem Aspekt beschäftigen. Die Stärkung des männlichen Wertbewußtseins ist in diesem Fall das Thema für die Heilung seiner sexuellen Schwierigkeiten.

2. Wenn der Ratsuchende seine Antworten gegeben hat, stülpt der Seelsorger seine gewonnenen Erkenntnisse dem Betroffenen nicht über, sondern hilft ihm, den Motiven selbst auf die Spur zu kommen.

„Was drücken Sie mit dieser Antwort aus?"

„Was fällt Ihnen selbst zu dieser Antwort ein?"

„Finden Sie in dieser Aussage Zusammenhänge mit Ihrem Lebensstil?"

Eine übertriebene Gewißheit, endlich den Schlüssel für das Problem in der Hand zu haben, verleitet den Ratsuchenden zum Widerstand. Er lehnt die Deutung ab, fühlt sich nicht verstanden und kämpft gegen die Unterstellung des Seelsorgers.

3. Diese diagnostische Hilfe ist ein Instrument für den Seelsorger, nicht für die Eheleute selbst. Die Gefahr von Eheleuten, dieses Hilfsmittel selbst zu praktizieren ist, daß sie Detektiv spielen.

„Hab' ich dich endlich erwischt, du Böser!"

„Jetzt bin ich dir auf die Schliche gekommen!"

„Du kannst mir nichts mehr vormachen!"

Wer den anderen überführen und ertappen will, drängt ihn in die Rolle, sich zu verteidigen und zu rechtfertigen. Verteidigung und Rechtfertigung sind aber Abwehrmethoden und ungeistliche Praktiken. Der Kampf geht weiter.

Denkanstoß Nr. 7: Praktizieren Sie eine ungeheuchelte Liebe!
Paulus gibt im Römerbrief handfeste Denkanstöße und Regeln auch für die eheliche Gemeinschaft. „Die Liebe sei ungeheuchelt. Verabscheut das Böse, haltet am Guten fest!" (Röm. 12, 9).
Er fordert eine Liebe ohne Falschheit, Heuchelei und Ressentiments.
Leichter gesagt als getan.
In vielen Ehen wird gelogen. Die Liebe ist unecht und heuchlerisch. Auch Christen lassen sich hinreißen, gute Miene zum bösen Spiel zu machen, zu schweigen, wo sie reden müßten, und vor den Augen ein friedliebendes Verhalten vorzutäuschen. Aber im Herzen sind sie verlogen. Sie tragen eine Maske und treiben im Grunde ein falsches Spiel. Es handelt sich um eine scheinheilige Friedfertigkeit, um einen Scheinfrieden, im Grunde um einen Friedhofsfrieden.
Eine solche Liebe will den *äußeren Frieden,* aber nicht den Frieden des Herzens, eine solche Liebe will *Streit vermeiden,* aber sie produziert Konflikte, eine solche Liebe will sich *aus der Affäre ziehen* und schafft damit erst recht Reibungen in der Ehe.

Und wie sieht eine ungeheuchelte Liebe aus?
1. Sie ist echt
Sie denkt, plant und handelt ehrlich.

Eine solche Liebe sagt, was sie denkt,
eine solche Liebe denkt, was sie sagt,
eine solche Liebe ist nicht hintenherum.
Der Partner weiß, wo er dran ist. Eine solche Liebe will nicht
verletzen. Solche Liebe wird aus der Agape, aus der Liebe durch
Christus und mit Christus, gespeist. Solche Liebe ist kein Gefühl,
sondern eine bewußte, absichtsvolle Handlung, die der Kontrolle
des Ehepartners unterliegt.

2. Sie ist eine Liebe, die Gutes tut
In Matthäus 5, 44 heißt es: „Tut Gutes denen, die euch hassen."
Tut Gutes denen, die *häßlich* zu euch sind,
Tut Gutes denen, die gegen euch *kämpfen,*
Tut Gutes denen, die offen her oder versteckt *Wut* zeigen,
Tut Gutes denen, die sich an euch *rächen.*
In der Psychotherapie benutzen wir gern eine Technik, die mit
„paradoxer Intention" umschrieben wird. Sie wurde an anderer
Stelle ausführlich behandelt. Unser Herr empfiehlt uns paradoxe
Verhaltensmuster. Wir sind gewohnt – unserer menschlichen Wei-
se gemäß – zu kämpfen, zu streiten und uns gegen den anderen
durchzusetzen. Verdeckt und getarnt benutzen wir destruktive
Muster, die wir vor unserem Gewissen rechtfertigen. Ehrliche Liebe
unter geistlichem Vorzeichen beinhaltet, all diese *negativen* Beziehungsmuster durch *positive* zu ersetzen. Liebe ist das wirksamste
Gegengift bei ehelichen Auseinandersetzungen und bei sexuellen
Konflikten. Die Liebe überwindet, läßt das Eis schmelzen, bricht
den Widerstand und baut Mauern ab.

3. Sie ist eine Liebe, die die Wünsche des anderen respektiert
Die wohlwollende und Gutes tuende Liebe ist ein Geschenk. In
Christus steht uns ein vorstellbares Kraftpotential zur Verfügung.
Wenn Gott uns Seine Liebe schenkt, können wir solche Liebe
verströmen. Und wenn wir ehrlich beten, sagt Er uns auch, *wie* das
geschehen kann. Für die Betroffenen kann es bedeuten, daß er die
Verhaltensmuster und Eigenschaften abstellt, die den Lebenspartner stören. Zum Beispiel
– die Zahnpastatube nicht mehr offen liegenzulassen,
– die Haare im Waschbecken zu entfernen,

- die Socken im Schlafzimmer aufzuheben,
- die Zeitungen wieder in den Korb zu werfen, der für Zeitungen gedacht ist,
- das Geschirr abzuräumen, wenn der Partner allein gegessen hat usw.

Es handelt sich um kleine Gesten mit großen Wirkungen. Für die Betroffenen kann es bedeuten, Wünsche zu erfüllen, die der Partner bisher vergeblich geäußert hat. Sexuelle Funktionsstörungen hängen nicht selten mit solchen konkreten Nadelstichen zusammen. Der Wunsch nach Zärtlichkeit kann durch überhörte Lieblosigkeiten völlig gedämpft werden.

Wenn wir das Ganze abschließen, muß noch einmal betont werden: Mann und Frau, die der lebendige Gott geschaffen hat, sind vor ihm eine Einheit.

„Und Gott schuf *den* Menschen ihm zum Bilde, zum Bilde Gottes schuf er ihn; und schuf sie, einen Mann und eine Frau" (1. Mose 1, 27). Das Wort „Mensch" – „Adam" – ist kein Name, sondern im Hebräischen ein Nomen collectivum, das keine Einzelperson meint. Mit anderen Worten, die Art Mensch, die unser Gott geschaffen hat, ist am Anfang als *zweisame* Art – als Mann und Frau – ins Leben gerufen worden. Mann und Frau, in dieser Zusammengehörigkeit, sind sein Ebenbild. Das heißt:
– Mann und Frau allein ergeben nicht den Menschen
– Mann und Frau *zusammen* bilden den Menschen
– in der Zusammengehörigkeit spiegeln sie Gottes Ebenbild wider
– nebeneinander haben sie die gleiche Würde erlangt.

Diese theologische Aussage gilt auch für die therapeutische Seelsorge, wie sie in diesem Buch beschrieben wurde.
Ehe muß als Person gefaßt werden.
Schwierigkeiten der Ehe betreffen Mann *und* Frau.
Sexuelle Probleme gehen beide Partner an.
Körperlich sexuelle Differenzen sind in erster Linie Beziehungsschwierigkeiten.

Dr. Theodor Bovet hat treffend und hilfreich zusammengefaßt, wie Mann und Frau die Ehe meistern können, um Schwierigkeiten und Reibungen abzubauen: „Wir können die ganze Ehepathologie mit der Vorstellung überhöhen, daß ganz allgemein die Ehe, jede Ehe, wesentlich ein großes Drama ist. Indem Mann und Frau in der Ehe eine neue Person werden, muß ihr altes Ich sterben, und das geht nicht ohne Schmerzen. Sie müssen ‚Vater und Mutter verlassen', das heißt ihre bisherige Geborgenheit, das, was sie bisher liebten und verehrten. Zudem entdecken sie unweigerlich, daß ihr neuer Partner anders ist, als sie sich ihn vorgestellt hatten, ja anders, als er es selbst wußte.

Wie Columbus finden sie nicht das Land, das sie erwartet hatten, aber sie entdecken eine völlig andere Welt. Das Lebensideal, das man sich vor der Ehe gesteckt hatte, muß weitgehend verändert, der neuen Eheperson angepaßt werden, oder aber man lebt weiter als ‚verheirateter Junggeselle' und verpaßt die Ehe. Das große Drama der Ehe besteht darin, daß man diese ganze neue Situation annimmt und bejaht, daß man durch alle Schmerzen und Anfechtungen hindurchgeht und die einmalige Partnerschaft mit dem Ehegatten einerseits, mit diesem zusammen andererseits mit Christus verwirklicht." (Aus Theodor Bovet, Ehekunde, die jüngste Wissenschaft von der ältesten Lebensordnung, S. 138.)

Beglückende Partnerschaft und beglückende Sexualität in der Ehe fallen den Liebenden nicht in den Schoß. Beide müssen daran arbeiten.

Abartigkeit, sexuelle

Sexuelle Praktik, die sich stark von sexuellen Gewohnheiten unterscheidet. Zu allen Zeiten und in allen Kulturen wird die sexuelle Abartigkeit verschieden beurteilt, so daß es fast unmöglich ist, von sexueller Normalität zu sprechen. Erst wenn sich ein „süchtiger Ablaufmodus" (v. Gebsattel) einstellt, der keine andere geschlechtliche Betätigung mehr zuläßt, spricht man von einer sexuellen Abartigkeit oder von einer Perversität. Durch falsche Einstellung zur Sexualität, durch Fehlentwicklung der Person und Erziehungsfehler können sexuelle Abartigkeit und Psychopathien entstehen.

Abort

(lat. aboriri zugrunde gehen) Fehlgeburt, Schwangerschaftsabbruch, in der Regel gefolgt von Fruchtaustreibung, vor Ende der 28. Schwangerschaftswoche. Ein Drittel sämtlicher entstandener Schwangerschaften endet wahrscheinlich durch Abort zu so frühem Zeitpunkt, daß die Frau es meist nicht merkt. Aborturansachen liegen zu etwa 50 Prozent bei der Frucht; Fehlbildungen, Hormon-, Vitaminmangel usw., zu etwa 20 Prozent bei der Mutter: Mangelhafte Anlage der Geschlechtsorgane, Erkrankungen, Hormonstörungen, Vergiftungen, Verletzungen und psychische Einflüsse. Den Rest dürften die künstlichen und „kriminellen" Aborte (Abtreibung) darstellen.

Agape

(gr. agape Liebe) Für den vieldeutigen Begriff „Liebe" haben die modernen Sprachen in der Regel nur ein Wort. Die griechische Sprache aber hat drei verschiedene Wörter: Agape, Eros, Philia. Philia meint die gefühlsbetonte, fürsorgende und freundschaftliche Liebe (Antigone: „Nicht mitzuhassen, mitzulieben bin ich da." Vergleiche Matth. 10, 37; Joh. 21, 15 ff.). Agape ist ein christliches Schlüsselwort. Es bezeichnet die Liebe Gottes zu den Menschen, die in Jesus Christus sichtbar wird. Sie erlöst, begnadigt und erwählt den Menschen ohne seine Vorleistung oder sein Zutun. Agape bezeichnet aber auch die Liebe des Christen zu seinem Nächsten. Beides gehört unauflöslich zusammen: Aus dem Indikativ (Gott liebt dich) fließt der Imperativ (also liebe). Agape ist immer selbstlos und opfernd. Agape ist restlos ohne jeden sexuellen Nebenklang.

Amenorrhoe
(gr. a verneinende Vorsilbe, gr. men Monat, gr. rhéo fließen) Ausbleiben der regelmäßigen Monatsblutung im geschlechtsreifen Alter; physiologische Amenorrhoe während Schwangerschaft und Stillzeit. Pathologische (krankhafte) Amenorrhoen werden nach dem Zeitpunkt des Eintretens unterschieden: 1. Primäre Amenorrhoe: Regelblutung bis zum 18. Lebensjahr noch nicht eingetreten, Ursachen meist organisch, Heilungsaussichten gering. 2. Sekundäre Amenorrhoe: Regelblutung bleibt nach mehr oder weniger längerer Zyklustätigkeit länger als vier Monate aus, ohne daß eine Schwangerschaft vorliegt. Ursache meist funktionell, Heilungsaussichten relativ gut.

Analerotik
(lat. anus After) Sexualempfinden mit dem After als betont erogene Zone. Die Analerotik ist nach S. Freud das Ergebnis einer libidinösen Fixierung in der analen Phase. Eine anale Triebtendenz ist die Lust des Kindes an seinen Ausscheidungsprodukten. Analerotik bei Erwachsenen ist von der Psychoanalyse in eine gesetzmäßige Beziehung zu bestimmten Charaktereigenschaften gesetzt worden: Geiz, Pedanterie, Sammelsucht usw. Mit analem Coitus oder Homosexualität hat Analerotik nichts zu tun.

Anilingus
(lat. anus After, lat. lingua Zunge) Sexuelle Betätigung als Lecken oder Sich-Belecken-Lassen am After. Diese Perversion wird in ihrer Entstehung durch unnötig intensives Manipulieren am After durch die säubernde Mutter in der frühen Kindheit begünstigt, wenn Anlage und weitere auslösende Faktoren für die Bildung perverser Triebgepflogenheiten vorhanden sind.

Aphrodisiaka
(gr. aphrodioios zur Aphrodite, das heißt zur Liebe gehörig) Den Geschlechtstrieb steigernde Mittel, Reizmittel.

Autoerotik
(gr. autós selbst) Selbstliebe, auch Befriedigung am eigenen Körper ohne Zuhilfenahme eines äußeren Objekts. Autoerotik kann sich in Narzißmus oder Selbstbefriedigung äußern. Wo der Aufbau gegengeschlechtlicher Partnerbeziehungen nicht gelingt, kommt es leicht zu Perversionen wie Exhibitionismus, Voyeurismus und exzessiver Selbstbefriedigung.

Beiwohnen

Andere Bezeichnung für Coitus. Beiwohnen drückt die geschlechtliche Gemeinschaft von Partnern aus, die beieinander wohnen, und trifft daher die eheliche Gemeinschaft als Ausdruck der Lebensgemeinschaft sehr gut.

Clitoris

Kitzler, kleine Schleimkantfalte unter dem vorderen Ende der kleinen Schamlippen, Auslösungsort eines Teils der zum Orgasmus gehörenden sexuellen Erregung.

Coitus

Geschlechtsakt, das heißt Vereinigung der Genitalorgane, Einführung des männlichen Gliedes in die weibliche Scheide und die mit körperlichem Lustgefühl verbundene Samenausstoßung. Im Gegensatz zum Tier ist der Vollzug variabel. Das körperliche Lustgefühl, Orgasmus, ist nur die eine Seite des leib-seelischen Geschehens geschlechtlicher Vereinigung und bietet zunächst nicht die sexuelle Harmonie, die sich erst in der Ehe entfaltet. Das Wort „Beiwohnung" für Coitus sagt, was K. Barth meint mit dem Satz, Coitus ohne Coexistenz sei eine dämonische Angelegenheit. – Durch Adjektive werden Coitusformen zur Empfängnisregelung bezeichnet: zum Beispiel Coitus incompletus, der unvollständige; Coitus interruptus, der unterbrochene („Aufpasser", „Rückzieher"); Coitus reservatus, der verzögerte (Karezza); Coitus condomatus, der mit Kondom. Bis auf letzteren sehr ungeeignet zur Empfängnisverhütung, weil die eigenbeweglichen Samenfäden auch von außerhalb in die Scheide einwandern können und auch schon sehr wenige, das heißt vor eigentlicher Samenausstoßung vorhandene Befruchtung bewirken können. Coitus interruptus ist zusätzlich bedenklich, weil er das Vermählungserlebnis abbricht und so sich sexuelle Harmonie in der Ehe schwerer entfaltet.

Cunnilingus

(lat. cunnus weibliches Geschlecht, lingua Zunge) Berühren der Geschlechtsteile des Partners mit Mund und Zunge. Muß nicht als Perversität in der Liebesbeziehung zwischen Mann und Frau angesehen werden. Was *beiden* Freude bereitet, ist erlaubt.

Don Juanismus

Die Psychologie hat diesen Begriff gebildet nach dem Verführer Don Juan, einer sagenhaften literarischen Gestalt. Don Juanismus ist eine sexuelle Unersättlichkeit, eine Art Zwang zum häufigen Partnerwechsel. Nicht zu verwechseln mit Casanova.

Don Juan ist zur Liebe unfähig. Er sucht in vielen Frauen die eine, die er nie erreicht. In seiner Unersättlichkeit steckt Haß gegen die Frauen, ein Sadismus und eine Zerstörungs- und Entjungferungssucht, vielleicht auch eine krampfhafte Flucht vor Homosexualität und eine Angst vor Impotenz. Don Juan ist im Grunde ein Waschlappen, der sich ständig beweisen will, wie „stark" und männlich er ist.

Dysmenorrhoe (gr. dys zer . . ., menós Monat, roé Fluß) Schmerzhafte Monatsblutung, bei der ziehende oder wehenartige Schmerzen kurz vor oder während der Menstruation bestehen. Es gibt die organisch bedingte Dysmenorrhoe (innere und äußere Gebärmutterschleimhautentzündung, Entzündungen des Eileiters, aber auch der benachbarten Organe – Darm, Blase, Harngang- und Abflußstörungen). Dann gibt es die psychogenen Dysmenorrhoen. Ursachen können sein: Erwartungsangst, sexuelle Abwehrreaktionen, Ehestörungen, Dysmenorrhoe in der Brautzeit als Symptom einer Reifungskrise, Protest gegen zu schwere Aufgaben, Antipathien gegen die Menstruation, Haßgefühle gegen den Mann, gegen die Mutter, Selbstbestrafungstendenzen und Ressentiments gegen die weibliche Rolle.

Eheperson Ein Begriff, der von Bovet entfaltet und ausgebaut wurde. Nicht die kleinste unteilbare Einheit, das Individuum, ist interessant, sondern das Ich, das zum Du wird. „Wir erinnern uns, daß Person immer heißt: ‚Partner Gottes'. Damit ist gesagt, daß die Ehe die volle leibliche, seelische und geistige Gemeinschaft bedeutet, daß sie Mann und Frau je als Partner Gottes erfaßt und damit auch die Ehe selbst unmittelbar vor Gott stellt" (Bovet). Wie man von einer „juristischen Person" spricht, die mehrere „natürliche Personen" umfaßt, von der Person Gottes, die Vater, Sohn und Heiligen Geist meint, spricht Bovet von der Eheperson. Wie eine Person die Stadien Zeugung, Geburt, Wachstum, Reifung, Altern und Tod durchläuft, so erfährt auch die Eheperson eine „Zeugung" (Verlobung), eine Geburt (Trauung) und durchläuft verschiedene Phasen (Säuglings- und Kleinkindalter, Pubertät, Reife, Klimakterium usw.). Mann und Frau sind die beiden Hauptorgane der Eheperson, der Mann das „Haupt", und die Frau das „Herz".

Eingebildete Schwangerschaft

(lat. graviditas nervosa) Die Frauen haben subjektive Schwangerschaftserscheinungen wie Übelkeit, Erbrechen, Eßgelüste, verspüren Kindsbewegungen und Wehen. Darüber hinaus können sich auch Schwangerschaftsanzeichen entwickeln: Amenorrhoe, Zunahme des Leibesumfangs, Vergrößerung der Brüste und Milchsekretion, Pigmentierung der Mamillen, Vergrößerung der Gebärmutter. Selbst die biologischen Schwangerschaftsreaktionen können positiv ausfallen. Die eingebildete Schwangerschaft ist ein typisches Beispiel für die Wechselwirkung von Leib und Seele, indem seelische Vorgänge so weitgehende körperliche Auswirkungen haben können.

Ejakulat

(lat. eiaculari hinausschleudern) Der Samenerguß (Samenzellen, Samenflüssigkeit und Drüsensäfte).

Ejaculatio präcox

(lat. eiaculari hinausschleudern, präcox vorzeitig) Vorzeitiger Samenerguß. Man unterscheidet drei Formen von Ejaculatio präcox: den Samenerguß, bevor das männliche Glied in die Scheide eingeführt wird, den Samenerguß gleich nach der Einführung des Gliedes, Samenerguß bei schlaffem oder nicht genügend erigiertem Glied. Hemmungen, Ungeschicklichkeit, Prüderie und Angst können zu Beginn einer Ehe die Ejaculatio präcox auslösen. Wenn die Partner sich aneinander gewöhnen, verliert sie sich. Wiederholungsangst kann sie beibehalten. Andere Gründe sind: Alterserscheinungen, Nachlassen der männlichen Leistungsfähigkeit, Schuldgefühle, unbewußtes schlechtes Gewissen, Verdrängung der Lust, Ablehnung der Partnerin (unbewußt), homosexuelle Neigungen, unter Umständen starke Selbstbefriedigung und Angst vor Versagen usw. Potenzstörungen sind selten organisch bedingt.

Entblößungstrieb

Triebhaftes Entblößen der Schamteile. Der Entblößungstrieb spielt praktisch nur bei Männern eine Rolle und gehört zum perversen Verhalten, häufig im Sinne des Zwangsverhaltens. Kinder von drei beziehungsweise nochmals von etwa sechs bis sieben Jahren zeigen gern ihr Glied oder lassen es, unbewußt ihres eigenen Tuns, mit einem uneingestandenen Genuß vor anderen sehen. Wenn das gemeinsame Nacktsein getrenntgeschlechtlicher Geschwister in der Familie häufig war, der kleine Junge es aber wegen des Verbotes der Eltern oder aus Angst nicht wagte, seine sexuelle Lust durchbrechen und es zu einer Versteifung des Gliedes kommen zu lassen, erfolgt eine Verdrängung. Die unerfüllten Wünsche sinken ins Unterbewußtsein des Kindes und liegen dort, wie man sagen kann, auf der Lauer. In der Pubertät oder später brechen diese verdrängten Wünsche wieder durch, und es bricht eine dranghafte Zeigelust besonders dann hervor, wenn dem jungen Mann eine sexuelle Entspannung wegen Abwesenheit, Krankheit oder Schwangerschaft der Ehefrau nicht möglich ist. Doch findet sich der Entblößungstrieb auch bei älteren Männern. Das Glied wird typischerweise dabei vor Kindern oder jüngeren Frauen versteift gezeigt. Es wird also ein kindlicher Trieb „nachgeholt", der in der Frühentwicklung durch Unkeuschheit bei gleichzeitiger Prüderie unnötig gefördert wurde. Der dem Entblößungstrieb Verfallene hat dabei völlige Genüge seines Triebes, wenn er das Glied zeigt. Eine aggressive Absicht liegt also nicht vor. Es erscheint wichtig, Mädchen dahingehend aufzuklären, damit ein unnötiger Schrecken vermieden wird. Der Entblößungstrieb wird in der Fachsprache *Exhibitionismus* genannt.

Erogene Zonen

Erogene Zonen sind die Haut- und Schleimhautbereiche des menschlichen Körpers, deren Stimulierung zu einer Erotisierung führt, die allgemein zum Geschlechtsverkehr anregt. Die Empfindsamkeit erogener Zonen ist individuell verschieden und bestimmt sich nach Veranlagung, Alter und Gewohnheit. Mit der Entwicklung der Erwachsenensexualität verlagert sich der Schwerpunkt der erogenen Zonen vom extragenitalen überwiegend in den genitalen Bereich. Dies macht sich beim Manne noch stärker bemerkbar als bei der Frau. Beim erwachsenen Mann liegen die erogenen Zonen fast ausschließlich in der Genitalregion. Die wichtigste Zone bildet die Eichel mit dem verdickten Rand. Leicht erregbar ist außerdem der Schaft des Gliedes, der Hodensack und die Haut der Dammgegend bis zum After hin. Bei der Frau sind die erogenen Zonen über den ganzen Körper verteilt. Hauptpunkte sind Clitoris und Vagina. Daneben zählen die kleinen Schamlippen, der Schamberg, die Gegend um den Anus, die Innenfläche der Oberschenkel, die Achselhöhlen und der Mund mit seiner Umgebung zu den erogenen Zonen. Das ist ein Grund, warum Frauen meistens schwieriger und langsamer als Männer zum Höhepunkt der sexuellen Erregung gelangen. Jeder Bereich der Hautoberfläche, die mit sensiblen Nervenendungen ausgestattet ist, kann besonders bei Frauen zu einem Gebiet werden, dessen Berührung erotische Stimulation hervorruft.

Fellatio
(lat. fellare lecken) Coitus bei Vertauschung der Lage. Einführung des männlichen Gliedes in den Mund der Frau. Kommt auch als sexueller Verkehr zwischen Homosexuellen vor. Es handelt sich um keine Perversität oder Sünde, wenn beide Gefallen daran haben.

Fetischismus, Fetischist
(portug.-franz. fetisch Zauber, Abbild, göttl. Verehrung) Der Fetischist liebt zunächst stellvertretend für ein normales Liebesobjekt einen Gegenstand, der zu diesem Beziehung hat, etwa einen Schuh, einen Zopf usw. Später liebt er alle Schuhe, alle Zöpfe und sucht solche Fetische zu sammeln. Die Entstehung der Perversion reicht bis in die frühe Kindheit zurück und ist recht kompliziert. Immer hängt sie damit zusammen, daß das normale sexuelle Zuwendungsobjekt, die Schamteile des anderen Geschlechts, abgewehrt werden. (Folge sowohl unkeuscher wie zu prüder Erziehung.) Für diese Schamteile ist der Fetisch Ersatz.

Ficken
Vulgärausdruck für Coitus. Für die sexualpädagogische Aufarbeitung ist wichtig, daß Ficken aus der Kriegssprache genommen wurde. In alter Zeit verwendete man für die Eroberung von Burgen sogenannte Mauerbrecher, die mit einem beweglichen Rammbock versehen waren. Diese Rammböcke nannte man auch Fick-Bäume. Unter Ficken verstand man also das gewaltsame Erobern einer Festung.

Heterosexualität
Sexuelles Verlangen, das auf das andere Geschlecht gerichtet ist. Im Unterschied zur Homosexualität.

Homosexualität
(gr. homós gleich; lat. sexus Geschlecht) Die Übersetzung „gleichgeschlechtliche Liebe" ist irreführend. In einem Durchgangsstadium des Jugendalters lieben sich die Mädchen unter sich. Ebenso wie diese Liebe der Freundinnen, hat die Zuneigung zweier Freunde nichts mit Homosexualität zu tun.

Man bezeichnet dies als homoerotische Phase des Jugendalters; sie ist ganz vom Eros, von der Seele her bestimmt. Wenn es hierbei zu gegenseitiger Onanie kommt, so tut das zwar der seelischen Substanz der homoerotischen Phase erheblich Abbruch, ist aber keine echte Homosexualität. Jugendliche können zwar in dieser Entgleisung der homoerotischen Phase steckenbleiben und den Zugang zum anderen Geschlecht verzögern, erschweren oder versäumen. Es kann allerdings auch schon jene seelische Fehlhaltung dahinterstecken, die die echte Homosexualität verursacht. Seelisch normal entwickelte Jugendliche überwinden diese Entgleisung. Die homoerotische Phase wird aber von echten älteren Homosexuellen häufig dazu benutzt, durch zunächst vorgegebene menschliche Zuneigung Objekte ihrer homosexuellen Absichten zu gewinnen (Päderastie). Die klassische Verharmlosung ist als „Knabenliebe" (Pädophilie) bekannt. – Homosexualität wird von den meisten Sachkennern als seelische Entwicklungsstörung aufgefaßt, die bis in früheste Kindheit zurückreicht. Es ist zu einem Ungleichgewicht der zweigeschlechtlichen Anlage gekommen. Von den vier Entstehungstheorien ist die Anlagentheorie so gut wie verlassen, wenn sie auch von Homosexuellen selbst am meisten verteidigt wird, um ihr Verhalten dadurch am leichtesten gerechtfertigt zu finden. Am wahrscheinlichsten ist die Entstehung auf eine fehlgelaufene Differenzierung der polaren Geschlechtlichkeit aus der zweigeschlechtlichen Anlage des Kindes zu erklären. Homosexualität wäre danach ein aus vielen Ursachen zwischen früher Kindheit und Jugendalter eingetretenes Ungleichgewicht der im Menschen verbleibenden, aber in Wesensvordergrund und Wesenstiefe verschieden verteilten Zweigeschlechtlichkeit. Diese Erklärung macht auch verständlich, daß mindestens bis Mitte zwanzig das Ungleichgewicht psychotherapeutisch beeinflußbar, in günstigen Fällen behebbar ist. Ist es aus der seelischen Fehlformung dieses „Ungleichgewichtes" erst zu körperlich-sexueller Betätigung und Gewöhnung gekommen, ist die Heilungsaussicht schlecht.

Impotenz (lat. impotentia Unvermögen) Unvermögen, Schwäche. a) Impotentia coeundi: Mannesschwäche; Un-

171

vermögen zur Ausübung des Beischlafes, also Unfähigkeit zur Erektion, Gliedaufrichtung oder Ejakulation, Samenerguß. Ursache: Psychogen bei Neurosen, in Depressionen, bei bestimmten Rückenmarksstörungen und -erkrankungen, zum Beispiel Tabes dorsales, bei bestimmten Hormondrüsenerkrankungen. b) Impotentia generandi, Zeugungsschwäche, männliche Sterilität. Ursache: Azoospermie, Fehlen von funktionstüchtigen Samenzellen in der Samenflüssigkeit, meist Folge von Nebenhoden- oder Vorsteherdrüsentzündung, zum Beispiel Tripper, Tbc.

Jungfernhäutchen
Der Mediziner spricht von Hymenalsaum (gr. hymén dünne Haut). Sprachlich heißt es der Hymen. Das Jungfernhäutchen befindet sich am Scheideneingang der unberührten Frau. Als ringförmiger Saum umschließt es die Scheide und hat eine bleistiftgroße Öffnung zum Ausfluß des Menstruationsblutes. Die Haut ist verschieden stark und setzt dem Glied beim ersten Geschlechtsverkehr einen verschieden starken Widerstand entgegen.

Liebesäpfel
Luther übersetzt das hebräische Wort dudaim (dod = Liebe) mit Liebesäpfel. Sie bezeichnen die gelbe Frucht der Alraune (Mandragora). Sie gilt auch heute noch als Fruchtbarkeitsmittel. Sie gehört zu den Nachtschattengewächsen, die Unruhe, Aufregungszustände und Tobsucht hervorrufen und auf die Liebeskraft eine günstige Wirkung haben soll. Bildliche Darstellungen der Mandragora sind aus der Zeit 1500 vor Christi Geburt bekannt.

Liebesspiel
Das Liebesspiel bezweckt die Geschlechtserregung oder soll sie verstärken. Das Hohelied Salomos bezeugt, daß das Auslösen der Geschlechtserregung durch das Liebesspiel in den biblischen Zeiten bekannt und geschätzt war. „Das erotische Erlebnis als spezifisch menschliche Form der Geschlechtlichkeit bedeutet dem tierischen gegenüber Freiheit und Fähigkeit zur Neuschöpfung. Damit wird der Eros aber zu einer regelrechten Kunst" (Bovet). Das Wort „Liebestechnik" ist nicht besonders glücklich, da es nicht um raffinierte Technik geht, sondern um Liebe. „Die seelische Haltung, die innere Gesinnung wiegt unvergleichlich mehr als die ‚Technik'" (Bovet). Zum Liebesspiel gehört auch das Nachspiel, die Gefühle klingen wieder ab, und die seeli-

sche Verbindung kann jetzt am intensivsten sein. Von Perversionen sollte man auch nicht sprechen, solange beide Partner einverstanden sind.

Masochismus, Masochist
Nach Baron Sacher-Masoch, einem österreichischen Schriftsteller, der in Novellen masochistische Liebe beschrieb. Eine perverse Form der Liebe, bei der der geliebte Partner, im allgemeinen Frauen, sich vom Liebenden bei den sexuellen Spielen Schmerzen zufügen läßt, die die Lust erhöhen. Der Masochismus kann in seiner Entstehung gefördert werden, wenn Kinder vor allem auf das Gesäß Schläge erhalten, besonders, wenn diese Erziehungspraxis übertrieben wird und mit Zärtlichkeitsausbrüchen der Mutter oder des Vaters wechselt.

Narzißmus
(Geht auf die griechische Sage zurück, wonach Narziß, ein schöner Jüngling, im Spiegel einer Quelle sein Bild sah und seine Schönheit entdeckte. Narzißs verliebte sich in sich selbst und wurde unfähig zur Liebe.) Im frühen Kleinkindalter liebt jedes Kind im narzißtischen Sinn sich selbst (primärer Narzißmus). Diese Eigenliebe, die sich in der ersten Phase der Pubertät wiederholt (Zeit der Onanie), wird noch vor dem Schuleintritt durch die erste unterschwellig sexuell verlaufende Bindung an den gegengeschlechtlichen Elternteil abgelöst.

Nymphomanie
(gr. nymphe Mädchen; mania Wahnsinn) Männertollheit. Krankhaft gesteigertes, heterosexuelles Verlangen der Frau. Geschlechtskälte, Frigidität und Geschlechtshunger scheinen eng verkoppelte Phänomene zu sein. Die sexuelle Unersättlichkeit konzentriert sich in der Hauptsache auf rein körperliche Erlebnisse und schließt geistig-seelische Liebe mehr oder weniger aus. Die meisten der Frauen sind geschlechtskalt und stürzen sich daher auf immer neue Männer, von denen sie Befriedigung erhoffen. Sie erreichen ihr Ziel nie. Was sind die Hintergründe? Frühkindliche Lustgefühle, die in der Ehe oder im Liebesverhältnis nicht realisierbar sind. Die Nymphomanin sucht vergeblich den Mann, der sie von allem befreit und sie zum normalen Geschlechtsgenuß führt. Nymphomanie ist selten heilbar. Die Heirat ist keine Lösung.

Perversionen, allgemein
(lat. pervertere, umwerfen, verkehren) Unter einer Perversion versteht man grundsätzlich die Beibehaltung einer (früh)kindlichen Triebgepflogenheit im

173

reiferen Alter. Eine Perversion ist die Onanie der Männer und Frauen in reifen Lebensjahren als im Grunde kindliche oder pubertäre Triebabfuhr. Perversionen sind psychosexuelle, meist krankhafte Motive zur Betätigung von Perversitäten, das heißt eine Unnormalität des Geschlechtstriebes. Entweder ist das Ziel der Handlung pervers (zum Beispiel bei Sadismus, Masochismus) oder das Objekt der Handlung (zum Beispiel Homosexualität, Sodomie).

Petting Gegenseitige körperliche Reizung der Genitalzonen zwischen den Geschlechtern unter Ausschluß des Coitus, aber bis zum körperlichen Orgasmus. Bei der großen Verschiedenartigkeit geschlechtlichen Erlebnisstils bei Frau und Mann kann Petting in seiner Beschränkung auf das nur Körperliche nicht als sogenannte „Einübung" für spätere geschlechtliche Harmonie anerkannt werden.

Pornographie (gr. porneia Hurerei, Unzucht) Unzüchtige Schriften, Abbildungen oder Schallaufnahmen. Die sinnverwandte Bezeichnung „obszön" kommt vom lat. obscenus schmutzig, häßlich, ekelhaft. In der Pornographie spielt sich Sexuelles nur zwischen Sexualorganen ab, die personale Beziehung wird ausgeklammert. Im Unterschied zum erotischen Realismus kennen pornographische Schriften nur sexuell stimulierende Inhalte, die zudem reine Phantasieprodukte sind und das sexuell Unmögliche möglich machen.

Sade, Sadismus (Benannt nach dem Marquis de Sade, der im 18./19. Jahrhundert in Frankreich lebte. Nach 30 Jahren Gefängnis wegen seiner sadistischen Liebespraktiken und Schriften starb er hochbetagt 1814.) Perverse Form der Liebe, wobei dem oder der Geliebten Schmerzen zur Erhöhung der eigenen sexuellen Lust zugefügt werden.

Tabu (polynes. stark Gezeichnetes) Das Wort stammt aus der Sprache der Maori. Es bedeutet eine Sitte in der Kultur des Totemismus, die allen oder einzelnen Menschen zuzeiten oder ständig die Meidung bestimmter Personen, Tiere, Objekte oder Orte vorschrieb, beziehungsweise die Berührung oder den Anblick verbot. Nach Wundt der älteste, ungeschriebene Gesetzeskodex der Menschheit. Auf allen Kulturstufen lassen sich Tabus nachweisen. Sie beziehen sich im menschlichen Zusammenleben

174

auf das, was sich gehört und was sich nicht gehört, was in Sitte, Recht und Konvention seinen Ausdruck findet. Die „Menschenrechte" sind im Grunde ein Tabuschutz, die ohne Zustimmung der Gemeinschaft nicht fallengelassen werden. Auch die Religion kennt den Tabuschutz. Der Brudermörder Kain wurde mit einem Tabu (Zeichen) ausgestattet. Das Geheimnis, das Tabu, ist ein Zeichen dafür, daß etwas Verwundbares geschützt werden muß.

Zoophilie (gr. zóon Tier, philéo lieben, Tier-Liebe) Tierliebe ist an sich natürlich und eine Tugend. Doch kann sich die Tierliebe bis zu einer widernatürlichen Neigung zu Tieren steigern, die dann geschlechtlichen Charakter annehmen kann. So beinhaltet *Sodomie* widernatürliche Unzucht.

Bücher von Reinhold Ruthe

Die Kunst zu ermutigen

Wie fördere ich mein Kind?
Paperback, 70 Seiten, Bestell-Nr. 57115

Medien – Magier – Mächte

Aberglaube und Okkultismus im Zeitalter des Wassermanns.
Pappband, 180 Seiten, Bestell-Nr. 78008

Mimosen und Dickhäuter

Formen der Partnerschaft. Eine kleine Typologie der Ehe.
Paperback, 140 Seiten, Bestell-Nr. 55755

7 Fragen, die uns plagen

Angenommensein – Angst – Depression – Leiden – Schuld –
Lebenssinn – Sterben.
Paperback, 140 Seiten, Bestell-Nr. 55786

Spielregeln für die Familie

30 praktische Vorschläge, wie wir besser miteinander aus-
kommen
Paperback, 144 Seiten, Bestell-Nr. 55775

Verliebt bis über beide Ohren

Partnerwahl ohne falsche Illusionen.
Pappband, 168 Seiten, Bestell-Nr. 78003

Familie – Oase oder Chaos

Wege aus der Familienkrise.
Paperback, 192 Seiten, Bestell-Nr. 57153

Brendow *Buch Kunst Verlag*